# 房地产私募基金：募、投、管、退中的疑难精解（第二版）

孟庆君 等◎著

FANGDICHAN SIMU JIJIN
MU TOU GUAN TUI
ZHONG DE
YINAN JINGJIE



首都经济贸易大学出版社
Capital University of Economics and Business Press
·北 京·

**图书在版编目（CIP）数据**

房地产私募基金：募、投、管、退中的疑难精解/孟庆君等著．—2 版．—北京：首都经济贸易大学出版社，2017.4

ISBN 978－7－5638－2217－1

Ⅰ.①房…　Ⅱ.①孟…　Ⅲ.①房地产—私人投资—基金—研究—中国
Ⅳ.①F299.233.5 ②F832.48

中国版本图书馆 CIP 数据核字（2014）第 043297 号

**房地产私募基金：募、投、管、退中的疑难精解（第二版）**
**孟庆君　等 著**

---

**责任编辑**　薛晓红
**封面设计**　砚祥志远·激光照排 TEL：010-65976003
**出版发行**　首都经济贸易大学出版社
**地　　址**　北京市朝阳区红庙（邮编 100026）
**电　　话**　（010）65976483　65065761　65071505（传真）
**网　　址**　http：//www.sjmcb.com
**E－mail**　publish@cueb.edu.cn
**经　　销**　全国新华书店
**照　　排**　北京砚祥志远激光照排技术有限公司
**印　　刷**　人民日报印务有限责任公司
**成品尺寸**　170 毫米×240 毫米　1/16
**字　　数**　202 千字
**印　　张**　11.5
**版　　次**　2014 年 3 月第 1 版　2017 年 4 月第 2 版
　　　　　　2023 年 8 月总第 10 次印刷
**书　　号**　ISBN 978－7－5638－2217－1
**定　　价**　30.00 元

---

# 第二版前言

本书自2014年3月第一版问世以来，得到了许多好评，没想到团队内部的总结与大家分享会得到那么多人认可，超出了作者的预期和尹煜编辑的预期。书籍上市后，我接到了很多读者的电话和微信，表示书籍写的很接地气。说实话，这跟我们的初衷是一致的。记得因业务需要，我去中建某局跟总会计师见面时，他说好像在哪儿见过我，“哦对了，您好像写了一本书……”还有一次，我去长城基金开业务沟通会在会议室休息时，看到他们的书柜里也有这本书，心里还真有些小激动。好多次，跟客户谈类似业务时，也谈及了本书的意义。

这两年尽管一线和部分二三线城市房子卖得火爆，但大部分城市房地产企业的日子不好过，房地产私募基金当然总体也不好过。就在作者修订本书之时，20多个城市又开始进行史上最严调控了，房地产私募基金面临的行业环境不容乐观。

前一段时间，尹煜编辑给我打电话希望能适当修改本书，我最初没有再版的打算，原因是房地产私募基金这两年大部分都是不好的消息。但在大家的鼓励下，自己也回顾了房地产私募这两年多的发展，其实变化还是蛮多的。比如：(1) 私募基金的行业自律监管不断加强，法律、政策、自律监管规定不断完善。(2) 房地产证券化的产品种类渐趋丰富。(3) 房地产私募基金退出争议解决的案例亦值得研究。(4) 银行、保险、证券、金融资管公司也在以不同形式介入房地产私募。如此说来，房地产私募基金确有必要再做总结。

不忘初心，我的再版小目标是能对团队的业务技能有所提高，大目标能对关注这个领域的同行、企业、监管机关、朋友有所帮助。

**孟庆君**

**改于北京永安东里**

**2017年2月**

# 第二版前言

# 第一版前言

私募股权投资基金因中国《合伙企业法》《公司法》的修改，而找到了合适的投资载体；由于中国房地产政策的调控，而找到了一片投资蓝海。

北京德和衡律师事务所投行业务团队于2010年开始接触房地产基金的投资，在提供投资顾问的过程中，我们发现了其中的不少问题，引起了我们广泛的思考。为此，我们把执业过程中的一些想法和建议总结下来，以期对同行和业界有所帮助。

第一篇房地产基金的设立，其中，我们抛开了一般的设立描述，而是对有限合伙制房地产基金设立过程中发现的一些问题进行了总结，根据房地产基金的特点，在目前的法律体系下探索房地产基金结构化设计、GP和LP相互关系、组织架构搭设、利润分配、关联交易、竞业禁止等当前热点问题，并提出在目前法律规制下解决问题的办法。

第二篇房地产基金投资的尽职调查，这一篇共包括三章，主要内容包括：针对房地产政策等的市场调查，这里我们创建了一套行知有效的调查体系；针对企业和项目的财务调查，专门对房地产开发商实际经营的特点和目前投资人的关注点、投资风控点等进行了具体陈述；针对基金投资的法律尽职调查，通过案例分析展示法律风险点和需要注意的问题。这一篇其中内容可能会让一些读者疑惑：作者不是律师吗？市场尽职调查、财务尽职调查，并不是作者的专业啊！没错，但我们多是复合型律师，法律尽职调查自不必多言，而根据房地产基金目前投资的特点，我们也在提供跨界投资顾问服务，并得到了客户的认可。

第三篇房地产基金的投资模式，也包括三章，对“股+债”的投资模式、可转换投资、房地产基金投资的创新模式等进行了阐述。对“股+债”的投资模式，重点体现了我们对现阶段房地产基金夹层投资模式的一些看法和设想。因为中国房地产受调控，房地产企业首发上市和上市后再融资的直接融资方式受阻，银行贷款的间接融资方式更是难以给力，在这种情况下，房地产基金应运而生。但是，受制于退出渠道的不通畅，也因为中国投资人的不成熟，当前房地产基金债性特点突出，操作方式上以“股+债”为主，对此我们一方面对“股+债”模式作了重点分析，另一方面也呼唤真正的股权投资模式的房地产基金的发展。对房地产基金可转换投资的探索，我们从保护投资人的角度出发，根据优先和劣后投资人的风险偏好，对房地产基金“过桥投资”和“并购投资”两种投资方式、内部和外部两部分风险控制、封闭期和开放期两个时点等，进行有效衔接，构建一种新的另类投资模式。对房地产基金的若干创新模式，我们进行了一些比较深入的设计和探讨。从第三篇可以看出，房地产基金可以推动房地产市场的健康发展，同时，也是金融市场的重要组成部分，作用不可或缺。

第四篇房地产基金的投后管理，包含有我们对房地产基金行业的重要期待。很多房地产基金投资在投后管理方面不重视，交易模式和风控措施再好，没有良好的投后管理，也很难抵御风险。本篇包括两章，其中一章从必要性角度出发，同时也提出了一些投后管理原则；另一章则从实操性角度出发，非常细化地提出了房地产基金的投后管理方案，其中部分内容也不乏与第二篇尽职调查遥相呼应。

第五篇房地产基金的退出，是源于我们在实践中看到有些房地产基金虎头蛇尾的表现，房地产基金退出阶段正在积聚很多重大法律风险，我们不得不提示。本篇通过四个实际案例分别从不同视角分析房地产基金退出时发生的问题。既有程序上违反投资决策程序的，应该尽职调查而没有尽职调查的；也有实体上自我违反投资交割法律文件约定的，导致融资方、投资方权利互失的；还有房地产基金到期找不到合适项目而不顾风险急投的；这些案例非常具有典型性。

本书内容贯穿了房地产基金募、投、管、退的各个阶段，虽然本书体系以独立篇章形式完成，但前后各篇、各章节都有紧密的联系。

纵观私募股权投资基金界，专门针对中国房地产投资实际问题的著作很少，本书的实用价值和理论价值都较大。本书实际上系我们投行业务团队的一些经验和总结，对律师、会计师等中介机构的同行执业会有帮助；对基金管理人、资产管理公司、信托公司等投行机构也会有所帮助；另外，希望本书对房地产私募股权投资基金行业的发展会有所裨益。

受制于接触案例和材料有限以及认知水平的局限，本书中的错误和不足之处在所难免，但无论是中国改革开放的进程，还是房地产基金行业的探索，摸着石头过河的勇气都不可缺少。我们将虚心接受读者的批评和指正，期待未来有机会再版时，能进行有效的改进。

本书的写作恰逢北京德和衡律师事务所所属的德衡律师集团执业20周年，本书也是我们团队向德衡律师集团成功执业20周年的献礼。

**孟庆君**
**于北京永安东里**
**2014年1月21日**

# 目　录

## 第一篇　房地产基金的设立



## 第二篇　房地产基金投资的尽职调查

## 第三篇 房地产基金的投资模式

## 第四篇　房地产基金的投后管理



## 第五篇　房地产基金的退出

# 第一篇　房地产基金的设立

# 第一章　有限合伙制房地产基金设立中的重要问题分析

近些年来，随着房地产业的迅猛发展，房地产基金如雨后春笋般涌现。考虑到合伙企业较公司制而言具有灵活性、不重复征税等优点，在组织形式上，房地产基金大多选择有限合伙形式。而从目前有限合伙制房地产基金的设立来看，常出现一些与现行法律法规或监管政策不和谐之处。本文通过探讨有限合伙制房地产基金设立的主要问题，以期对拟设或已设的有限合伙制房地产基金有所启示。

## 一、“国有企业”成为普通合伙人问题

近年来，有限合伙制房地产基金方兴未艾，一些含有国有股的企业，尤其是投资型企业跃跃欲试，纷纷计划踏足房地产基金领域。而这些企业是否能够成为有限合伙制房地产基金的普通合伙人，是一个值得研究的现实问题。

依据《中华人民共和国合伙企业法》第三条规定：“国有独资公司、国有企业、上市公司以及公益性的事业单位、社会团体不得成为普通合伙人。”由此，国有独资公司毫无疑问地被排除在普通合伙人的范围之外，但是，由于对“国有企业”目前尚缺少法律上的清晰界定，除国有独资公司外，其他含有国有股的企业，哪些可以、哪些不可以成为普通合伙人，则需要进一步探究。

就目前来看，对于“国有企业”，法律层面并无清晰界定，而在一些部委、国务院直属机构的规范性文件中，阐述也并不统一。

### （一）国家统计局、国家工商行政管理总局的文件规定

国家统计局、国家工商行政管理总局于1998年颁布、2011年修订的《关于划分企业登记注册类型的规定》，其中第三条规定："国有企业是指企业全部资产归国家所有，并按《中华人民共和国企业法人登记管理条例》规定登记注册的非公司制的经济组织。不包括有限责任公司中的国有独资公司"。

### （二）国家统计局的文件规定

《国家统计局关于对国有公司企业认定意见的函》（国统函［2003］44号）中的阐述是："公安部：你部《关于征求对国有公司企业认定问题意见的函》（公经［2003］368号）收悉。经研究，现提出如下意见：我们认为，国有企业有广义、狭义之分。广义的国有企业是指具有国家资本金的企业，可分为三个层次：一、纯国有企业，包括国有独资企业、国有独资公司和国有联营企业三种形式，企业的资本金全部为国家所有。二、国有控股企业。根据国家统计局《关于统计上国有经济控股情况的分类办法》的规定，国有控股包括国有绝对控股和国有相对控股两种形式。国有绝对控股企业是指在企业的全部资本中，国家资本（股本）所占比例大于50%的企业。国有相对控股企业（含协议控制）是指在企业的全部资本中，国家资本（股本）所占的比例虽未大于50%，但相对大于企业中的其他经济成分所占比例的企业（相对控股）；或者虽不大于其他经济成分，但根据协议规定，由国家拥有实际控制权的企业（协议控制）。三、国有参股企业，是指具有部分国家资本金，但国家不控股的企业。国有与其他所有制的联营企业，按照上述原则分别划归第二、三层次中。狭义的国有企业，仅指纯国有企业。"

### （三）国家发展和改革委员会的文件规定

国家发展和改革委员会办公厅于2012年6月14日发布的《关于印发全国股权投资企业备案管理工作会议纪要和股权投资企业备案文件指引/标准文本的通知》（发改办财金【2012】1595号），其中之一的《股权投资企业合伙协议指引》对普通合伙人的脚注阐释是："根据《中华

人民共和国合伙企业法》第三条规定，以及《关于促进股权投资企业规范发展的通知》（发改办财金【2011】2864号）第一条关于股权投资企业应当遵照公司法、合伙企业法有关规定设立的要求，国有独资公司、国有企业、上市公司以及公益性的事业单位不得成为股权投资企业的普通合伙人。本指引所称‘国有企业’，系指国有股权合计达到或超过50%的企业”。

综上所述，对于国有企业概念的界定，在法律法规缺失的情况下，不同部委、不同部门给出了不同的理解，从全部资产归国家所有的非公司制经济组织到广义上涵盖全部资产归国家所有、国有控股、国有参股的企业，再到国有股权合计不少于50%的企业。针对有限合伙制房地产基金而言，对其影响较大、值得关注的是（一）（三）文件的相关规定。从这两个文件来看，对于全部资产归国家所有的非公司制经济组织是国有企业，而国有相对控股企业（国有股权合计不到50%）和国有参股企业不是国有企业，意见比较一致，而分歧主要在于国有绝对控股企业（国有股权合计不少于50%）是否应被认定为国有企业。从（一）（三）文件规定可以看到，国家工商总局不认为其是国有企业，国家发展和改革委员会却认为其构成国有企业。

由于国家工商总局与国家发展和改革委员会认识不一致，可能会导致下列情形的出现：国有绝对控股企业作为普通合伙人注册有限合伙企业，通过了工商局的审核，但是，该有限合伙企业申请股权投资企业备案时，却无法得到国家发展和改革委员会的认可。

为了规避上述问题，实践中，有的基金管理机构，作为国有绝对控股企业，采用了委托管理模式，即另外设立一家机构作为有限合伙企业的普通合伙人，然后委托原先的国有基金管理机构来进行管理，这种模式在某些区域内获得了相关部门的认可。不过，该模式是否具有普适性，还有待进一步考察。

另外，随着房地产基金的监管权由国家发展和改革委员会移交至中国证监会，在国有企业认定上是否会发生改变，尚未可知。不过在实务操作层面，已存在一些国有企业担任PE管理人即有限合伙制基金普通合伙人的情形，且得到了主管部门的认可。但是，无论如何，在此呼吁，尽快在法律法规层面对国有企业给出一个清晰界定，以统一思想，消除实践中的矛盾与冲突。

## 二、理财资金参与PE投资问题

### （一）商业银行理财产品

根据《中国银监会关于进一步规范商业银行个人理财业务投资管理有关问题的通知》（银监发〔2009〕65号）第18条及第19条规定，理财资金不得投资于境内二级市场公开交易的股票或与其相关的证券投资基金。理财资金参与新股申购，应符合国家法律法规和监管规定。理财资金不得投资于未上市企业股权和上市公司非公开发行或交易的股份。但是，该通知第20条又规定，对于具有相关投资经验，风险承受能力较强的高资产净值客户，商业银行可以通过私人银行服务满足其投资需求，不受本通知第18条和第19条限制。这一规定，其实是给银行理财产品参与PE投资留下了一个开口。不过，由于我国目前私人银行业务正处于发展初期，投资渠道比较有限，目前通过这种方式在PE领域投资的并不常见。实践中，常见的银行理财资金投资私募基金的模式主要通过嵌套一层信托计划的方式实现，即银行理财产品通过购买信托计划的方式，间接投资于私募基金。

### （二）信托计划

根据《信托公司集合资金信托计划管理办法》第26条的规定，信托公司可以运用债权、股权、物权及其他可行方式运用信托资金。而且，《信托公司私人股权投资信托业务操作指引》（银监发〔2008〕45号）明确规定了信托公司可将信托计划项下资金投资于未上市企业股权、上市公司限售流通股或中国银监会批准可以投资的其他股权的信托业务。实践中，信托公司参与PE投资主要是通过与私募基金管理机构开展合作，信托公司发行私募股权类信托计划，委托私募基金管理机构作为投资顾问，共同参与 PE 投资。另外，信托计划也可以作为私募基金的投资人，参与到 PE 投资中。在这种情况下，根据《私募投资基金监督管理暂行办法》的规定，应当穿透核查最终投资者是否为合格投资者，并合并计算投资者人数，这样也就间接提高了信托计划投资者的标准。

（三）资产管理计划

根据《证券公司客户资产管理业务管理办法》的规定，证券公司可以为单一客户办理定向资产管理业务、为多个客户办理集合资产管理业务、为客户办理特定目的的专项资产管理业务。但是，考虑到集合资产管理业务投资人较多，资金额度较大的问题，《证券公司集合资产管理业务实施细则》将集合计划募集资金的投向限定为证券期货交易所交易的投资品种、银行间市场交易的投资品种、证券投资基金、专项资管计划、商业银行理财产品、信托计划等，但是并不包括私募股权投资基金。实践中，资管计划可以通过借助信托计划等方式，间接参与到 PE 投资中。此时，依然要注意的是穿透审查和计算合格投资者的问题。

（四）保险资金

根据《保险资金投资股权暂行办法》（保监会令〔2010〕9 号）的规定，保险资金可以直接或间接投资于股权。而所谓的间接投资于股权，就是允许保险资金参与 PE 投资。而且，2014 年，保监会出台《保监会关于保险资金投资创业投资基金有关事项的通知》（保监发〔2014〕101 号），将保险资金投资股权拓宽到创业投资基金领域。但是，考虑到保险资金的安全性、稳定性要求，为了保证所投 PE 的质量，该办法对 PE 管理人应具备的资质条件、PE 所投标的企业的条件、PE 应具备的条件做出了限制性规定。而且保监会先后于 2012 年及 2014 年颁布《保监会关于保险资金投资股权和不动产有关问题的通知》以及《保监会关于加强和改进保险资金运用比例监管的通知》，对保险资金投资 PE 的比例进行了相应的限制。由此可见，保险资金参与的 PE，不仅要遵循证监会及证券投资基金业协会的监管要求，还要符合保监会的各项监管规定。

## 三、合伙人受托管理问题

有限合伙制房地产基金，一般由基金管理机构作为普通合伙人，与若干有限合伙人共同发起设立。在设立时，普遍存在一种情况，有限合伙企业与基金管理机构签订委托管理协议，委托基金管理机构作为受托管理机构负责有限合伙企业的投资管理业务。这就产生了一个问题，即基金管理机构是否能够与有限合伙企业签署委托管理协议，接受有限合伙企业委托，管理合伙事务。

依据《中华人民共和国合伙企业法》第六十七条的规定："有限合伙企业由普通合伙人执行合伙事务"。如无例外情况，作为有限合伙企业的唯一普通合伙人，基金管理机构是有限合伙企业当然的执行事务合伙人。依据《中华人民共和国合伙企业法》第二十六条第二款规定："按照合伙协议的约定或者经全体合伙人决定，可以委托一个或者数个合伙人对外代表合伙企业，执行合伙事务。"由此，执行事务合伙人之所以能够执行合伙事务、管理合伙企业，是基于其他合伙人的一致委托。换句话说，执行事务合伙人对合伙事务拥有执行权、管理权的基础，是其与其他合伙人之间具有委托管理关系。

既然基金管理机构是有限合伙企业的执行事务合伙人，依据上述法律分析，基金管理机构对合伙事务具有执行权、管理权，该权利来源于其他合伙人就合伙事务对基金管理机构的委托。若基金管理机构与有限合伙企业签署委托管理协议，基于该协议，基金管理机构对合伙事务也具有管理权，但是该权利来源于有限合伙企业的委托，与法律规定的权利基础存在矛盾。

同时，作为执行事务合伙人，基金管理机构代表有限合伙企业，与其自身签订委托管理协议，将有限合伙企业的投资管理业务委托自身管理，也存在一定的问题。

另外，从合伙人与合伙企业的关系来看，合伙人是合伙企业的出资人、设立者，是合伙企业收益的享有人、亏损的承担者，可以说，合伙企业的利益就是合伙人的利益，合伙人与合伙企业具有同一性。基金管理机构是有限合伙企业的普通合伙人，因此，基金管理机构与有限合伙企业具有同一性关系。但若基金管理机构与有限合伙企业签署委托管理协议，则二者成为相互独立的平等个体，与同一性关系相矛盾。并且，基金管理机构作为合伙企业的受托管理机构，与作为合伙企业的普通合伙人身份，在利益本源上也存在差异。

综上所述，无论从执行事务合伙人角度出发，还是从普通合伙人角度考虑，基金管理机构与有限合伙企业签署委托管理协议，都存在着或多或少的问题。既然如此，建议有限合伙制房地产基金在合伙协议中约定，由其普通合伙人基金管理机构担任执行事务合伙人，负责本有限合伙企业的投资管理业务，而不再由有限合伙企业与基金管理机构另行签订委托管理协议。

## 四、有限合伙人参与投资决策问题

目前，很多有限合伙制房地产基金在合伙企业内部设立投资决策委员会，多数成员由有限合伙人或其代表担任，负责拟投资项目的审核与决策。例如，天津某有限合伙制房地产基金，其合伙协议约定："投资决策委员会，由管理方委派的1名成员和除管理方以外的投资人选举或者委派的4名人员组成，有权处理以下事项：①根据约定，对拟投资项目作出审核及决策；②根据约定，解决合伙人之间的冲突；③决议涉及投资项目进入与退出的其他重大事项"。但是，根据《中华人民共和国合伙企业法》第六十八条规定："有限合伙人不执行合伙事务，不得对外代表有限合伙企业"。上述有限合伙人担任或者委派、选举代表担任投资决策委员会成员，参与拟投资项目的审核与决策，应当属于执行合伙事务的范畴，违反了上述法律规定。

然而，《中华人民共和国合伙企业法》第七十六条规定："第三人有理由相信有限合伙人为普通合伙人并与其交易的，该有限合伙人对该笔交易承担与普通合伙人同样的责任；有限合伙人未经授权以有限合伙企业名义与他人进行交易，给有限合伙企业或者其他合伙人造成损失的，该有限合伙人应当承担赔偿责任”。第九十八条规定：“不具有事务执行权的合伙人擅自执行合伙事务，给合伙企业或者其他合伙人造成损失的，依法承担赔偿责任。”

从上述规定来看，有限合伙人执行合伙事务，并不必然产生法律责任。就有限合伙人通过投资决策委员会参与拟投资项目的审核及决策而言，一方面，投资决策委员会成员组成及职权范围，由经全体合伙人签章认可的合伙协议约定，有限合伙人担任或者委派、选举代表担任投资决策委员会成员，并由此参与拟投资项目的审核及决策，并非未经授权擅自实施的行为，即使给合伙企业或者其他合伙人造成损失，也无法因此追究有限合伙人的赔偿责任；另一方面，执行事务合伙人依据投资决策委员会决议，代表有限合伙企业，对外开展投资业务，虽然投资决策委员会决议的作出包括有限合伙人的参与，但是有限合伙人并没有与第三人直接交易，无法因此要求有限合伙人对特定交易承担与普通合伙人同样的责任。由上述分析可以看出，虽然有限合伙人通过投资决策委员会执行了合伙事务，违反了相关法律规定，但是，无论合伙企业、其他合伙人，还是与有限合伙企业交易的第三人，都难以因此要求有限合伙人承担法律责任。

即便如此，出于符合法律规定以及规避风险的考虑，有限合伙制房地产基金最好更改制度设计。如在执行事务合伙人内部设立投资决策委员会，有限合伙人不能担任该委员会成员，但是，依据情况可以设立接纳有限合伙人为其成员的投资咨询委员会，为投资决策委员会提供咨询意见。由此，满足了有限合伙人知情、参与的意愿和要求。并且，依据《中华人民共和国合伙企业法》第六十八条规定：“有限合伙人对企业的经营管理提出建议，不视为执行合伙事务”，在上述制度中，有限合伙人通过投资咨询委员会提出投资建议，也符合法律规定。

## 五、关联交易问题

目前，有些有限合伙制房地产基金存在关联交易。一种情形是，房地产企业自己或其关联方设立基金管理机构，再由基金管理机构发起设立有限合伙制房地产基金，然后投资于该房地产企业自己开发的项目。另一种情形是，有限合伙制房地产基金投资于某房地产企业开发的房地产项目，而其有限合伙人与该房地产企业具有关联性。针对上述关联方投资，引发了下列思考。

在第一种情形下，如果房地产企业自己或其关联方设立基金管理机构募集资金后设立有限合伙企业，然后投资于该房地产企业开发的房地产项目，此时在基金内部层面，如有非关联的有限合伙人自愿担任劣后合伙人，承诺基金不论到期是否盈亏，都为优先合伙人提供“本金 + 固定收益”的退出保障，那么有限合伙制房地产基金内部的保底条款是否有效？我们认为，由于劣后合伙人和优先合伙人同作为有限合伙人，根据《中华人民共和国合伙企业法》的规定都不参加联营体基金的具体经营，劣后合伙人为了追求高收益，基于对风险的认知而自愿为优先有限合伙人提供保障，不属于“名为联营、实为借贷”，该合同设计有效。但是，在基金内部层面，如果是房地产企业给其他有限合伙人承诺，保证不论有限合伙企业投资盈亏，都按固定收益率支付其他有限合伙人固定利润，依据《最高人民法院关于审理联营合同纠纷案件若干问题的解答》关于联营合同中的保底条款问题的规定，笔者认为，可认定是“名为联营、实为借贷”，涉及的合同应确认无效。

在第二种情形下，与融资房地产企业有关联关系的有限合伙人，不应当就该投资项目发表意见。当前，我国大多数投资人还不够成熟，虽然作为有限合伙人，但是仍然参与或者影响着拟投资项目的投资决策。因此，在某一有限合伙人与有限合伙企业的拟投资项目存在关联关系时，为了防止该有限合伙人利用其对投资决策的影响追求私利，保障有限合伙企业和其他合伙人的利益，在就是否投资该项目进行表决或提供建议时，该关联合伙人应当回避，不发表任何意见。

## 六、管理方绩效分配问题

为了激励管理方即基金管理机构全心全意管理合伙企业，为合伙人谋取更多利益，有限合伙制房地产基金，大多于设立时在合伙协议中约定绩效分配条款，即投资项目的年化收益率超过一定比例时，在保障有限合伙人出资所获得的年化收益率不低于某比例的情况下，将投资收益总额的20%作为绩效分配支付给基金管理机构，剩余80%结转利润进行利润分配。例如，某有限合伙制房地产基金在合伙协议中约定："如果按照年化折算的项目投资收益率不能超过百分之二十五（25%）时，本有限合伙企业将全部可分配利润的百分之百（100%）按合伙人利润分配比例分配给各合伙人；如果按照年化折算的项目投资收益率超过百分之二十五（25%）时，投资收益总额的20%支付给管理方作为绩效分配，投资收益总额的80%按利润分配比例分配给各合伙人，但有限合伙人的出资所获得的项目投资年化收益率不得低于25%"。

然而，在实际运营中，大多数有限合伙制房地产基金，按照月度或季度收取投资收益，并将该投资收益的20%作为绩效分配支付给基金管理机构，剩余的80%结转利润按利润分配比例分配给各合伙人。但是，基金管理机构能够提取绩效分配的前提是，项目的年化收益率达到一定比例，而年化投资收益率是否达到该比例，需要等待年度评价。这就产生了一个问题，即实施绩效分配的时点早于判定能否进行绩效分配的时点，基金管理机构在每月或每季度取得的"绩效分配"，可能是应当作为绩效分配给予基金管理机构的收益，也有可能是应当支付给有限合伙人的可分配利润。若经过年度评价，项目的年化收益率未达到能够进行绩效分配的比例，或虽然达到绩效分配的比例，但是按照投资收益的20%支付绩效分配，会导致有限合伙人出资所获得的投资年化收益率低于约定比例，那么，基金管理机构提前支取的“绩效分配”，实际上是有限合伙人应得利润，基金管理机构获取该部分收益，就造成有限合伙人可分配利润的减少，使有限合伙人的利益受到损害。

考虑到实践中绩效分配可能会带来的上述问题，为了保障有限合伙人的应有利益免受侵害，建议在合伙协议中约定“钩回条款”，即若投资项目的年化收益率未达到约定比例，从而不具备绩效分配的条件，或者虽投资项目的年化收益率达到绩效分配的比例，但是有限合伙人出资所获得的投资年化收益率低于约定比例，那么，基金管理机构应当将因月度或季度提前分配而取得的超额分配退还给有限合伙企业，再由有限合伙企业结转利润按照利润分配比例分配给各合伙人。同时，为了使上述“钩回条款”更具有执行性，建议在合伙协议中约定，将绩效分配的50%存入另外设立的提存账户暂不分配，以备“钩回”之需。例如，本问题项下前述有限合伙制房地产基金在合伙协议中约定：“绩效分配的百分之五十（50%）应该保存于本有限合伙企业在托管人处开立的托管账户中作为准备金。根据本年的投资收益率状况做如下处理：当年项目投资收益率达到或超过百分之二十五（25%）时，应将准备金退还管理方作为绩效分配；当年投资收益率不能达到百分之二十五（25%）时，作为准备金的绩效分配应优先偿付弥补本有限合伙企业低于该等百分之二十五（25%）的项目年投资收益率的损失”。

## 七、有限合伙利润分配模式问题

有限合伙制房地产基金，在设立时确定的利润分配模式，大多为按项目分配。

可是，在实际运营过程中，有些有限合伙制房地产基金，会出现如下情况，即同时拥有不止一个投资项目，且各项目的投资资金来源于不相同或至少不完全相同的合伙人。在这种情况下，按照项目分配利润，可能会产生问题。下面举例分析。

假设某有限合伙制房地产基金同时拥有三个投资项目，分别为项目A、项目B和项目C，其中项目A的投资资金来源于合伙人a，b，c的出资，项目B的投资资金来源于合伙人d，e，f的出资，项目C的投资资金来源于合伙人a，e的出资，另外，该合伙企业还有合伙人g，h。以目前按项目分配利润的模式，项目A投资所产生的利润，由合伙人a，b，c分取，项目B投资所产生的利润，由合伙人d，e，f分取，项目C投资所产生的利润，由合伙人a，e分取，合伙人g，h不分取来自项目A，B，C所产生的任何利润。这种分配方式貌似没有问题，但是，若项目A收回投资并获取收益，项目B、项目C均未收回投资，按照上述利润分配模式，合伙人a，b，c分取项目A投资所产生的利润，合伙人d，e，f，g，h均未分得利润，就会引发思考。其一，若合伙企业盈利，合伙人d，e，f已出资，为什么不能分取利润？依据《中华人民共和国合伙企业法》第二十条规定，合伙人一旦出资，该资金即成为合伙企业财产，而按照共有理论，合伙企业财产属于合伙人共有。以合伙企业名义投资项目A，投资资金虽然由合伙人a，b，c的出资款构成，但实质上是合伙企业财产，由此获得的收益，合伙人d，e，f理应享有分配权。其二，若合伙企业亏损，合伙人a，b，c是否能够分取项目A所产生的利润？从合伙企业法的角度而言，合伙企业是一个独立的经营体，合伙企业亏损，则无利润产生，自然就不会有利润分配。因此，合伙人a，b，c分取利润，没有依据。

究其上述问题产生的原因，是由于现阶段投资人还不够成熟，未将投资资金视为合伙企业的财产，由基金管理机构统一管理、投资，而是视项目情况各自出资，导致参与各项目的投资人不同、利益也不一致。建议在设立有限合伙制房地产基金时，采用一对一或一对多的模式，即一批人设立一个有限合伙制房地产基金，仅投资一个项目，或者一批人设立一个有限合伙制房地产基金，投资若干项目，但每个合伙人均要参与每一个投资项目。这样一来，就每个投资项目而言，各合伙人利益一致，同盈同亏，在一定程度上解决了上述问题。

## 八、有限合伙人退伙与退资问题

在有限合伙制房地产基金的募资设立环节，作为普通合伙人的基金管理机构，往往向投资人承诺进出自由，基金不设封闭期。结合有限合伙企业的组织形式而言，就是有限合伙人可以随时退伙，并且取回其对有限合伙企业的出资。但是，有限合伙人是否可以实现上述退伙与退资呢，是一个值得商榷的问题。

首先，关于退伙。依据《中华人民共和国合伙企业法》的规定，可分为自愿退伙、当然退伙、除名退伙等形式，其中，当然退伙和除名退伙属于有限合伙人意志范围之外的退伙情形，与本次论点无关，在此不进行阐述。至于自愿退伙，《中华人民共和国合伙企业法》第四十五条与第四十六条有所涉及。

第四十五条是关于合伙协议约定合伙期限情形下的退伙规定，即“合伙协议约定合伙期限的，在合伙企业存续期间，有下列情形之一的，合伙人可以退伙：（一）合伙协议约定的退伙事由出现；（二）经全体合伙人一致同意；（三）发生合伙人难以继续参加合伙的事由；（四）其他合伙人严重违反合伙协议约定的义务”。从该条规定来看，既然“（二）经全体合伙人一致同意”是合伙人退伙的情形之一，与上述第（一）（三）（四）项情形并列而述，那么，按照行文逻辑，该第（一）（三）（四）项情形之一出现时，无须全体合伙人同意，合伙人即可退伙。由此，在合伙协议约定合伙期限时，要么取得全体合伙人一致同意，要么出现不需要合伙人一致同意即可退伙的约定或法定事由，无法只依据合伙人单方意思表示而实现退伙，很难说合伙人退出自由。

第四十六条是关于合伙协议未约定合伙期限情形下的退伙规定，即“合伙协议未约定合伙期限的，合伙人在不给合伙企业事务执行造成不利影响的情况下，可以退伙，但应当提前三十日通知其他合伙人”。从该条规定来看，在合伙协议未约定合伙期限时，只要不给合伙企业事务执行造成不利影响，合伙人可以实现退出自由，随时退伙。

其次，关于退资。伴随退伙而来的，是退伙人在合伙企业中财产份额的退还。《中华人民共和国合伙企业法》第五十一条规定："合伙人退伙，其他合伙人应当与该退伙人按照退伙时的合伙企业财产状况进行结算，退还退伙人的财产份额。退伙时有未了结的合伙企业事务的，待该事务了结后进行结算。"就有限合伙制房地产基金而言，有限合伙人退伙时，合伙企业财产往往都在投资中，无法撤回部分投资以退还退伙人的财产份额。既然有限合伙企业无法减少募集资本总额，那么，在退伙时点结算并退还退伙人的财产份额，难以实现。但是，若有限合伙企业在投资退出后计算并退还退伙人的财产份额，则相当于有限合伙人之前并未退伙，与有限合伙人的退伙意愿和行为相矛盾。由此看来，即使有限合伙人可以实现退伙，但是，却难以解决退伙时合伙企业财产份额的退还问题。而该问题的存在，又对有限合伙人实现退伙构成障碍。

实践中，有限合伙人实现退伙后，其财产份额退还资金并非来源于合伙企业，而由其他合伙人支付，由此看来，所谓的有限合伙人退伙与退资，实质上是有限合伙人在合伙企业中财产份额的转让。

## 九、普通合伙人竞业禁止问题

就目前来看，大多数基金管理机构往往不止管理着一支基金，而是作为多家有限合伙企业的普通合伙人，同时负责各家合伙事务的执行，这是基金管理机构扩张的必然结果，符合发展规律。但是，这不禁使人产生疑问，若一个基金管理机构同时管理着多支有限合伙制房地产基金，是否会触犯我国合伙企业法规定的合伙人竞业禁止义务。

依据《中华人民共和国合伙企业法》第三十二条规定："合伙人不得自营或者与他人合作经营与本合伙企业相竞争的业务。"那么，在一个基金管理机构同时管理着多支有限合伙制房地产基金的情况下，基金管理机构是否违反竞业禁止义务，取决于其同时管理的各基金之间是否存在竞争业务。至于如何判定业务之间具有竞争关系，从而构成竞争业务，当前的法律、法规没有明确规定。就基金管理机构同时管理的各有限合伙制房地产基金而言，有人认为，投资领域相同，均为私募投资，且投资大方向一致，都是投资房地产，因此应当认定各基金业务之间存在竞争关系。而有人对此持不同意见，认为虽然各基金投资领域与投资大方向具有同一性，但是，从投资地域上来看，可能分别集中于华北、华东、华南等不同区域，在具体投资方向上，也可能分别针对商业地产、住宅地产、旅游地产等不同地产类型，因此，各基金业务也可能不构成竞争关系。对此，又有人进行反驳，虽然各基金在投资地域或具体投资方向上可能没有交集，但是，各基金由同一基金管理机构管理，其投资地域、具体投资方向很大程度上受到该基金管理机构的影响，并且专门投资华北地区商业地产项目的基金，也可以投资华南地区旅游地产项目，各基金在投资地域、具体投资方向上没有任何限制，因此，投资地域或具体投资方向不同，不能作为各基金业务不具有竞争性的理由。

综上所述，同一基金管理机构管理下的多支有限合伙制房地产基金，彼此间业务是否存在竞争，目前没有统一定论，从而无法认定基金管理机构违反或者不违反竞业禁止义务。

但是，依据《中华人民共和国合伙企业法》第九十九条规定："合伙人违反本法规定或者合伙协议的约定，从事与本合伙企业相竞争的业务的，该收益归合伙企业所有；给合伙企业或者其他合伙人造成损失的，依法承担赔偿责任。"在基金管理机构同时管理多支有限合伙制房地产基金的情况下，一旦各基金业务间被认定存在竞争性，基金管理机构可能会因违反竞业禁止义务而承担不利后果。

为了降低竞业禁止义务违反的不确定性带来的法律风险，建议在合伙协议中，就普通合伙人尤其是其中的执行事务合伙人，即基金管理机构，设立同类基金如何开展业务，什么情形下视为或者不视为竞争业务，进行约定。例如，天津某有限合伙制房地产基金，其合伙协议约定："执行事务合伙人作为普通合伙人设立或参与设立任何其他与本有限合伙企业的业务（包括地理区域）相同或类似的投资机构，应满足下列任一条件：①已经向有限合伙人书面披露的普通合伙人管理的现有的有限合伙企业或普通合伙人已经或拟管理的其他投资机构；②有限合伙企业的实际出资超过百分之七十（70%）由有限合伙企业投资或承诺投资于投资组合公司；③不对本合伙企业的资产管理业务造成实质性的不利影响”。但是，从《合伙企业法》第三十二条规定来看，在竞业禁止问题上，法律并没有赋予合伙企业自治权。因此，即使经全体合伙人同意并认可，在合伙协议中对什么是竞争业务进行了限定，但该约定是否有效及效力大小，仍然需要司法实践的检验。

# 第二章 私募基金登记备案及监管问题

2014年1月17日，中国证券投资基金业协会（以下简称基金业协会）发布《私募投资基金管理人登记和基金备案办法（试行）》（以下简称《办法》），正式启动私募基金登记备案工作，由基金业协会实行自律管理。该办法规定，私募基金管理人应当向基金业协会履行基金管理人登记手续并成为基金业协会会员。2014年8月21日，证监会发布《私募投资基金监督管理暂行办法》（证监会令第105号），再次明确各类私募基金管理人应当根据基金业协会的规定，向基金业协会申请登记。

2016年，基金业协会出台了大量私募基金监管法规，2月5日，基金业协会发布《关于进一步规范私募基金管理人登记若干事项的公告》（中基协发〔2016〕4号），以及《私募基金管理人登记法律意见书指引》，要求私募基金管理人登记时应提交由律师事务所出具的法律意见书，另外在信息报送方面对私募基金管理人及其管理的私募基金提出了相关的要求。同时，基金业协会在二月份发布了《私募投资基金管理人内部控制指引》和《私募投资基金信息披露管理办法》，在4月份发布了《私募投资基金募集行为管理办法》和《私募投资基金合同指引》，进一步明确了监管要求。随着一系列私募基金监管新政的颁布和实施，私募基金的监管原则已经趋于明晰，即以行业自律监管为主，不设行政审批，强化事中事后监管，依法严厉打击以私募基金为名的各类非法集资活动。下面我们从私募基金管理人登记、基金备案、基金募集及信息披露角度对监管政策进行了简单的梳理。

## 一、私募基金管理人登记

### （一）私募基金管理人的名称和经营范围

私募基金管理人的名称中应包含“基金管理”、“投资管理”、“资产管理”、“股权投资”和“创业投资”等与私募基金管理人业务属性密切相关的字样。而私募基金管理人的经营范围中，不得存在与“投资管理”的买方业务存在冲突的业务或其他非金融业务，如项目投资、投资咨询、投资顾问、投资兴办实业等。如存在上述经营范围，管理人应该进行整改，将上述经营范围删除，并结束已开展的上述业务，以实现专业化经营。

### （二）私募基金管理人的注册资本及实缴资本

目前监管机构对私募基金管理人的实收资本没有明确的要求，但是企业要满足基本运营所需要的资本金，以覆盖一段时间内机构的合理人工薪酬、房屋租金等日常运营开支，保证机构有效运转。基金业协会对于实缴注册资本低于25%的，会在系统中作出分类公示。

### （三）高管人员基金从业资格

根据《公告》的规定，私募高管人员取得基金从业资格有三种途径：一是通过基金从业资格考试取得，参加科目一《基金法律法规、职业道德与业务规范》、科目二《证券投资基金基础知识》或科目三《股权投资基金基础知识》考试并成绩合格。二是通过有限认定方式取得，即在符合相关资格认定条件的条件下，还需要参加科目一《基金法律法规、职业道德与业务规范》考试，方可认定取得基金从业资格。三是通过中国基金业协会资格认定委员会认定的方式取得，该方式需要在出具法律意见书之前取得基金业协会的认定。

### （四）关联方及关联交易

根据《私募基金管理人登记法律意见书指引》的规定，私募基金管理人的关联方为：管理人子公司（持股5%以上的金融企业、上市公司及持股20%以上的其他企业）、分支机构和其他关联方（受同一控股股东/实际控制人控制的金融企业、资产管理机构或相关服务机构）。如管理人与关联方之间存在关联交易，应如实披露，并保证有相关的关联交易制度，防止不公允关联交易及利益输送的情形。

（五）实际控制人

目前，基金业协会的登记系统中须填写的信息包括实际控制人一项。对于实际控制人，《公司法》没有明确规定要求公司确定实际控制人，但是基金业协会倾向于公司能够明确实际控制人，保证公司的稳定运营。对于公司制基金管理人，认定标准应当以“持股比例+实际影响力”两个因素共同确定，一般来说持股比例越高对公司股东会决议的影响越高，越能控制公司的经营管理。如果公司尚不确定实际控制人，可通过签订一致行动人协议的方式确定。对于合伙制基金管理人，一般是以普通合伙人为实际控制人。

## 二、私募基金备案

根据《私募投资基金管理人登记和基金备案办法（试行）》的规定，私募基金管理人应当在私募基金募集完毕后20个工作日内，通过私募基金登记备案系统进行备案。私募基金备案的材料包括：基金招募说明书、风险揭示书、募资规模证明、基金合同（契约型基金合同、有限合伙制基金合伙协议、公司制基金公司章程）、投资者明细、投资者承诺函、管理协议、托管协议、投资项目情况等。

另外，私募基金管理人应在每季度结束之日起10个工作日内对所备案基金的基本信息进行季度更新，并在每年度结束之日起20个工作日对所备案基金的基本信息进行年度更新。

## 三、私募基金募集

根据《私募投资基金募集行为管理办法》的规定，私募基金不得通过公开出版资料、博客、未设置特定对象确定程序的微信朋友圈、未设置特定对象确定程序的讲座的形式进行宣传。私募基金可以宣传私募基金管理人的品牌、发展战略、投资策略、管理团队、高管信息，也可以宣传由基金业协会公示的已备案私募基金的基本信息。但是不得宣传预期收益、预计收益等，不得使用可能误导投资人进行风险判断的措辞，不得使用“欲购从速”、“申购良机”等片面强调集中营销时间限制的措辞，不得推介或片面节选少于6个月的过往整体业绩或过往基金产品业绩等误导投资者的信息。

在进行私募基金募集时，管理人应首先确定特定对象，然后进行风险评估，匹配当时投资者。在确定投资者后，管理人需要进行合格投资者确认、基金风险提示，在与投资者签订基金合同后，还要经过不少于24小时的投资冷静期，冷静期满后，管理人可进行投资回访，在回访确认前，投资者有权解除基金合同。

## 四、私募基金信息披露

根据《私募投资基金信息披露管理办法》的规定，私募基金管理人为主要的信息披露义务人，另外，私募基金托管人需要对私募基金管理人编制的基金资产净值、基金份额净值、基金份额申购赎回价格、基金定期报告和定期更新的招募说明书等向投资者披露的基金相关信息进行复核确认。

私募基金信息披露主要集中在募集及运行期间。在募集期间，管理人应披露的信息为：基金的基本信息、基金管理人基本信息、基金的投资信息、基金的募集期限、基金估值政策、程序和定价模式、基金合同的主要条款、基金的申购与赎回安排、基金管理人最近三年的诚信情况说明等。在私募基金运行阶段，管理人应当在每季度结束之日起10个工作日以内向投资者披露基金净值、主要财务指标以及投资组合情况等信息。在每年结束之日起4个月以内向投资者披露基金净值和基金份额总额、基金的财务情况、基金投资运作情况和运用杠杆情况、投资者账户信息、投资收益分配和损失承担情况、基金管理人取得的管理费和业绩报酬等信息。

在本文已经修改结束时，恰逢基金业协会适应国家对房地产调控的需求，发布了《证券期货经营机构私募资产管理计划备案管理规范第 4 号》，这也许是一个阶段性措施，也可能是一个长期性措施。

在此，引用基金业协会的起草说明和规范原文，提醒大家需要时时关注房地产政策。

## 证券期货经营机构私募资产管理计划备案管理规范 第 4 号——私募资产管理计划投资 房地产开发企业、项目

日期：2017－02－14

证券期货经营机构设立私募资产管理计划投资房地产开发企业、项目，应符合国家相关产业政策要求，严格遵守《证券期货经营机构私募资产管理业务运作管理暂行规定》有关规定，并符合以下规范性要求：

一、证券期货经营机构设立私募资产管理计划，投资于房地产价格上涨过快热点城市[1]普通住宅地产项目[2]的，暂不予备案，包括但不限于以下方式：

（一）委托贷款；

（二）嵌套投资信托计划及其他金融产品；

（三）受让信托受益权及其他资产收（受）益权；

（四）以名股实债的方式[3]受让房地产开发企业股权；

〔1〕目前包括北京、上海、广州、深圳、厦门、合肥、南京、苏州、无锡、杭州、天津、福州、武汉、郑州、济南、成都 16 个城市，将根据住房和城乡建设部相关规定适时调整范围。

〔2〕根据深交所《关于试行房地产行业划分标准操作指引的通知》，房地产划分为普通住宅地产、保障性住宅地产、商业地产、工业地产和其他房地产。项目中同时包含多种类型住房的，计划募集资金不得用于项目中普通住宅地产建设。

〔3〕本规范所称名股实债，是指投资回报不与被投资企业的经营业绩挂钩，不是根据企业的投资收益或亏损进行分配，而是向投资者提供保本保收益承诺，根据约定定期向投资者支付固定收益，并在满足特定条件后由被投资企业赎回股权或者偿还本息的投资方式，常见形式包括回购、第三方收购、对赌、定期分红等。

（五）中国证券投资基金业协会根据审慎监管原则认定的其他债权投资方式。

二、资产管理人应当依据勤勉尽责的受托义务要求，履行向下穿透审查义务，即向底层资产进行穿透审查，以确定受托资金的最终投资方向符合本规范要求。

三、私募资产管理计划不得通过银行委托贷款、信托计划、受让资产收（受）益权等方式向房地产开发企业[1]提供融资，用于支付土地出让价款或补充流动资金；不得直接或间接为各类机构发放首付贷等违法违规行为提供便利。

四、私募资产管理计划投资房地产开发企业、项目且不存在本规范第一、二、三条禁止情形的，资产管理人应当向投资者充分披露融资方、项目情况、担保措施等信息。

五、私募资产管理计划投资房地产开发企业、项目且不存在本规范第一、二、三条禁止情形的，资产管理人应当完善资金账户管理、支付管理流程，加强资金流向持续监控，防范资金被挪用于支付合同约定资金用途之外的其他款项。

## 《证券期货经营机构私募资产管理计划备案管理规范第4号》起草说明

日期：2017－02－14

为贯彻落实党中央、国务院关于房地产调控工作的指示精神，进一步落实《证券期货经营机构私募资产管理业务运作管理暂行规定》（以下简称《暂行规定》）有关要求，中国证券投资基金业协会（以下简称

[1] 上市公司，原则上按照上市公司所属中国证监会行业分类结果作为判断依据。非上市公司，参照《上市公司行业分类》执行，即：当公司最近一年经审计的房地产业务收入比重大于或等于50%，则将其划入房地产行业；当公司没有一类业务的营业收入比重大于或等于50%，但房地产业务的收入和利润均在所有业务中最高，而且均占到公司营业收入和利润的30%以上（包含本数），则该公司归属于房地产行业。其中，房地产业务收入包括从事普通住宅地产、商业地产、工业地产、保障性住宅地产和其他房地产所取得的收入。

协会）研究制定了《证券期货经营机构私募资产管理计划备案管理规范第4号－私募资产管理计划投资房地产开发企业、项目》（以下简称《备案管理规范第4号》）以及《关于发布<证券期货经营机构私募资产管理计划备案管理规范第4号>的通知》（以下简称《通知》）。现就有关情况说明如下：

一、起草背景及思路

根据房地产市场调控协调工作小组的统一部署，按照中国证监会要求，协会近期对证券期货经营机构私募资管产品参与房地产市场投资的情况进行了摸底。统计显示，证券期货经营机构私募资管产品投资房地产市场规模在资产管理总规模中的占比不高，但资金来源以银行为主、通道业务占比高、项目集中于热点城市等特征较为显著，与落实房地产调控工作的整体目标还有一定差距。

针对私募资产管理业务投资房地产市场现状，按照证监会部署，协会着手开展《备案管理规范第4号》起草工作。此次起草的主要思路是以分类对待、统一规范、平稳过渡为原则，根据相关房地产调控政策导向，在房地产项目所在地、项目性质、资金用途等方面区别对待，重点规范私募资产管理计划投资热点城市普通住宅地产项目、向房地产开发企业提供融资用于支付土地出让价款或补充流动资金等行为。

二、主要内容

《备案管理规范第4号》整体结构与此前发布的《证券期货经营机构私募资产管理计划备案管理规范第1－3号》保持一致，共五条，主要内容如下：

（一）适用范围

证券期货经营机构通过资产管理计划形式开展的私募资产管理业务适用《备案管理规范第4号》。为避免监管套利，《通知》明确私募基金管理人开展私募投资基金业务投资房地产开发企业、项目的，参照《备案管理规范第4号》执行。证券公司、基金管理公司子公司按照规定开展的资产证券化业务不适用《备案管理规范第4号》。

（二）关于投资房地产项目

根据《暂行规定》第六条规定，证券期货经营机构发行的资产管理计划不得投资于不符合国家相关产业政策要求的项目。《备案管理规范第4号》结合当前房地产调控政策与行业现状，对《暂行规定》相关要求进行细化完善。一方面，从项目所在地来看，目前证券期货经营机构私募资产管理产品投资房地产市场，存在投向为北京、上海、广州、深圳、厦门、合肥、南京、苏州、无锡、杭州、天津、福州、武汉、郑州、济南、成都16个房地产价格上涨过快热点城市（以下简称热点城市）的情况，个别热点城市较为集中，需进一步强化落实房地产调控政策；另一方面，从项目属性来看，投资项目目前多为普通住宅地产，而政策鼓励的保障性住宅地产项目占比偏低。综合上述因素考虑，本着分类对待的原则，《备案管理规范第4号》规定证券期货经营机构设立私募资产管理计划，投资于热点城市普通住宅地产项目的，暂不予备案。同时，《备案管理规范第4号》明确以下原则：一是热点城市范围将根据住房和城乡建设部相关规定适时调整；二是根据深交所《关于试行房地产行业划分标准操作指引的通知》的相关标准，界定纳入规范的普通住宅地产项目；三是对项目中同时包含多种类型住房的，明确要求计划募集资金不得用于项目中普通住宅地产建设；四是明确投资标准化债券和股票以及股权投资不受此限制。

需要说明的是，个别机构可能通过嵌套投资产品、受让信托受益权、受让资产收（受）益权、以名股实债的方式受让房地产开发企业股权等方式规避相关监管要求，变相投资于热点城市普通住宅地产项目。为防止出现上述情况，《备案管理规范第4号》明确，以上述方式投资于热点城市普通住宅地产项目的私募资产管理计划，暂不予备案。《备案管理规范第4号》明确名股实债是指投资回报不与被投资企业的经营业绩挂钩，不是根据企业的投资收益或亏损进行分配，而是向投资者提供保本保收益承诺，根据约定定期向投资者支付固定收益，并在满足特定条件后由被投资企业赎回股权或者偿还本息的投资方式，常见形式包括回购、第三方收购、对赌、定期分红等。

（三）关于投资房地产企业

协会前期备案、监测发现，部分证券期货经营机构设立的私募资产管理计划通过银行委托贷款、信托计划、受让各类资产收（受）益权等形式向房地产开发企业提供融资。其中，个别产品还存在提供融资用于支付土地出让价款、提供无明确用途的流动资金贷款等情形。为落实房地产调控政策，与其他金融监管机构规则保持一致，避免监管套利，《备案管理规范第4号》明确私募资产管理计划向房地产开发企业提供融资不得用于支付土地出让价款或补充流动资金。同时，《备案管理规范第4号》强调不得直接或间接为各类机构发放首付贷等违法违规行为提供便利。

（四）关于穿透原则、信息披露和资金监管

《备案管理规范第4号》强调资产管理人应当依据勤勉尽责的受托义务要求，履行向下穿透审查义务，以确定受托资金的最终投资方向符合《备案管理规范第4号》要求。设立私募资产管理计划投资房地产开发企业、项目且不存在《备案管理规范第4号》第一、二、三条禁止情形的，应当向投资者充分披露融资方、项目情况、担保措施等信息；完善资金账户管理、支付管理流程，加强资金流向持续监控，防范资金被挪用于支付合同约定资金用途之外的其他款项。

（五）关于新老划断

《备案管理规范第4号》自发布之日起施行，基于“新老划断，平稳过渡”的原则，《通知》中明确证券期货经营机构新设立的私募资产管理计划应当符合《备案管理规范第4号》要求；存续产品不得新增与《备案管理规范第4号》不符的投资项目；存续产品已投项目存在《备案管理规范第4号》第一、二、三条禁止情形的，相关投资项目到期后不得续期。

# 落实中央房地产调控精神 规范私募资管投资行为

## ——中国证券投资基金业协会发布《私募资产管理计划备案管理规范第4号》

日期：2017－02－14

为贯彻落实党中央、国务院关于房地产调控工作的指示精神，中国证券投资基金业协会（以下简称协会）研究制定了《证券期货经营机构私募资产管理计划备案管理规范第4号－私募资产管理计划投资房地产开发企业、项目》（以下简称《备案管理规范第4号》），对私募资产管理计划投资热点城市普通住宅地产项目、向房地产开发企业提供融资用于支付土地出让价款或补充流动资金等行为进行了规范。经中国证监会批准及协会理事会表决通过，《备案管理规范第4号》于2017年2月13日发布实施。

为防范监管套利行为，《备案管理规范第4号》在明确适用范围包括证券期货经营机构私募资产管理业务基础上，将私募基金管理人开展的投资房地产开发企业、项目业务一并纳入，切实避免资金违规流入房地产调控领域。

《备案管理规范第4号》坚持“房子是用来住的，不是用来炒的”这一定位，将规范重点聚焦在直接或间接投资于房地产价格上涨过快热点城市普通住宅地产项目的产品，明确协会暂不予备案此类产品；同时，禁止私募产品向房地产开发企业提供融资用于支付土地出让价款、提供无明确用途的流动资金贷款，以及直接或间接为各类机构发放首付贷等违法违规行为提供便利，在监管口径方面与其他监管机构保持一致。

《备案管理规范第4号》坚持“分类对待、统一规范、平稳过渡”的总体原则，对热点城市范围、普通住宅地产项目界定标准、多类型项目处理方法等事项作了明晰，并进一步明确，投资标准化债券和股票以及股权投资的，不受《备案管理规范第4号》限制。

《备案管理规范第4号》旨在贯彻落实党中央、国务院关于房地产调控工作的指示精神，推动房地产回归其居住属性，严格规范私募资产管理业务投资房地产行为，有利于进一步抑制热点城市房地产泡沫，促进市场健康平稳发展。

下一步，协会将在正本清源、强化约束的前提下，督促行业机构执行《备案管理规范第 4 号》的各项要求，切实落实国家相关房地产调控政策，并根据执行过程中发现的问题和情况，及时调整完善《备案管理规范》。

# 第二篇　房地产基金投资的尽职调查

# 第三章　房地产基金投资的市场尽职调查

鉴于中国大部分房地产企业采用对资金、人员等统一调配的全盘运营模式，在房地产基金投资期内，房地产企业旗下所有在建在售项目的销售回款全部纳入基金投资退出保障，因此，房地产企业商品房销售预期成为房地产基金投资能否顺利退出的关键。而欲解销售，必先解市场，市场尽职调查成为房地产基金投资尽职调查的首要环节。但是，由于我国在商业营业用房等方面的行政干预较少，对供求关系的影响不大，因此，本文仅就国家重点调控的住宅市场展开论述。

## 一、市场尽职调查的背景

一个城市的房地产市场，最能体现其销售情况的莫过于房屋价格和成交量。因为他们的表达方式最直观，通过观察曲线的变化，就足以了解该城市过去和目前的房屋价格和成交量的涨跌情况。但若要对房地产基金投资期内的未来市场变化进行预判，就有必要对曲线变化的原因做深入的剖析。

根据现代经济学原理，在自由的市场经济条件下，供求关系决定价格。在欧美国家，房地产市场与工业化进程同步发展而渐进形成，已有几百年历史，市场供求关系已成为影响其房屋价格和成交量的决定因素。但在我国，针对供给和需求所进行的国家调控措施不断出台，并作为重要砝码不同程度地改变着天平上的供求关系（如图 2.1 所示）。这是因为中国特色的房地产市场是在计划经济向市场经济过渡过程中逐渐形成的，发展时间短，市场调节机制不成熟，于是国家通过宏观调控这只“无形的手”，引导不动产资源的合理配置和有效利用。近年来，中国的房地产市场已慢慢成长为与股票市场一样的"政策市"，国家调控政策很大程度上决定着房地产市场的未来发展趋势。当然，在我国，除国家调控政策外，金融管制政策、城乡二元结构、地方政府土地财政依赖、传统购房观念等等也是影响市场供求关系的重要因素。但上述因素大多属于中国国情，是所有城市房地产市场的共性，未来引发风险也将是系统性的。而目前，我国的房地产基金投资大多以城市为单位，重点关注该城市的经济发展水平、城镇居民可支配收入、城镇化率、受国家调控政策的影响程度等。因此，在房地产基金投资中，房地产市场尽职调查的重点是影响供求关系的因素中的城市差异性因素。

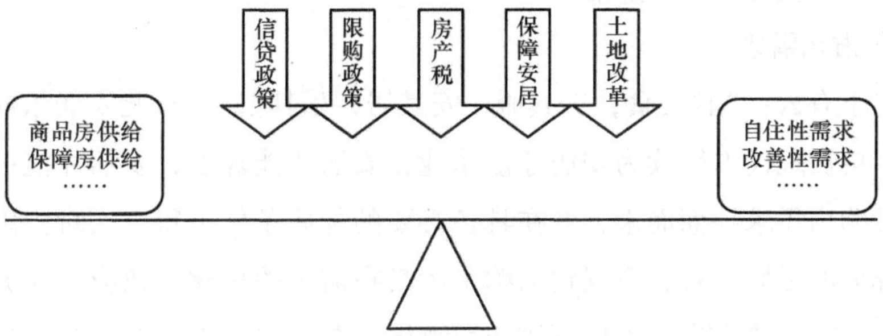


图 3.1

当然，一个城市的房地产市场是由一个个房地产项目组成的，而且项目之间有差异，并存在激烈的竞争。房地产企业要想获得良好的销售预期，甚至赚得盆满钵满，不仅要能供给，而且要能有效供给，即在项目自身和周边条件上比同类项目更具竞争优势。另外，项目之间的规划前景、供给冲突等也与国家政策一同构成影响销售的外部因素。

## 二、市场尽职调查的内容

如上文所述，只有抓住了影响市场变化的决定因素，才能够掌握市场发展的方向。根据辐射范围的不同，我们将城市层面的影响因素定义为宏观市场要素，将房地产项目层面的影响因素定义为微观市场要素。以上两部分共同构成房地产基金投资过程中市场尽职调查的核心内容。

### （一）城市概况

一座城市就是一个巨大的承载体，它的人口、区位、产业结构、矿产资源、旅游资源、文化底蕴、经济政策、人居环境等共同构成各行各业发展的基础条件。房地产行业更是以不动产形式固定在城市当中，受到上述条件的局限，由此也形成房地产行业发展的地域性。所以，虽然城市概况既不属于宏观市场要素，也不属于微观市场要素，但由于各城市之间的差异性，有必要将拟投资项目所在城市的概况纳入市场尽职调查范围。

### （二）宏观市场要素

**1. 市场需求**

老子有云："甘美食，美其服，安其居，乐其俗。"从此安居乐业流传下来，更被现代人解读为安居才能乐业，安居才能嫁娶，安居才能……于是各种购房需求扑面而来，并在具备必要的物质条件下得以实现。因此针对本部分的尽职调查，不仅包括购房者潜在需求的量化，还应关注城市经济规模、居民购买力、人口环境和城镇化等方面内容。

（1）购房者潜在需求的量化。根据购房者的购买目的，我们将需求分为自住性、改善性、投资投机性需求。

首先，关于自住性需求。自住性需求是指投资期内新增加的城镇人口居住所需的住房面积，可通过下列公式进行量化计算：自住性需求 = 城市人口基数 × 城镇化率年提高幅度 × 人均住房面积 × 预测期间。

其次，关于改善性需求。改善性需求是指投资期内原有城镇人口扩大人均居住面积时所增加的住房面积，可通过下列公式计算进行量化：改善性需求 = 城市人口基数 × 城镇化率 ÷ 城镇平均家庭人口数 × 改善时户均居住面积 × 有能力改善家庭占比 × 预测期间内选择改善家庭的占比。

再次，关于投资投机性需求。近年来，国家出台组合宏观调控政策，重点打击房地产投资投机，保护自住和改善性需求，因而，在尽职调查时，我们仅将该部分需求进行量化并合计计算为预测期间内的需求总量。

（2）城市经济规模。在尽职调查过程中，经济规模以国内生产总值

（GDP）为主要指标，辅以固定资产投资额和社会消费品零售总额。需要注意的是，GDP 并非经济发展水平的绝对依据，比如河南周口市 2011 年 GDP 为 1 407.49 亿元，名列河南全省第九位，但其人均 GDP 仅为 15 734 万元，在河南 18 市中排名末位；相反，济源市 2011 年 GDP 仅为 373.36 亿元，排在河南省最后一位，但其人均 GDP 高达 55 095 万元，仅次于郑州。

（3）居民购买力。居民购买力是指城镇居民全年收入在扣除税负、社保费用后的安排日常生活（包括购房）的能力，主要以城镇居民人均可支配收入为依据。

（4）人口环境与城镇化。近十年数据显示，城镇化率与住宅销售面积相关度超过 0.98，而城镇化的关键指标是人的迁徙，所以人口基数和城镇化率是重点调查的内容。

**2. 市场供给**

根据《国务院关于进一步深化城镇住房制度改革加快住房建设的通知》（国发［1998］23 号）第四条规定："1998 年下半年开始停止住房实物分配，逐步实行住房分配货币化"，由此，我国的住房供给从国家分配逐步交由市场配置；但是，就目前看来，我国的房地产市场供给仍具有强烈的垄断性。从供给阶段上看，市场供给分为土地供给和房屋供给，其中房屋供给又细分为商品房供给和保障性住房供给。在土地供给方面，政府控制着供应总量、供应价格和供应方式，形成政府垄断下的土地财政；在房屋供给方面，政府主导保障性住房，房地产企业主导商品房，推盘总量和产品结构受到控制。

在房地产基金投资过程中，房屋供给作为最终的供给表现形式，我们将量化范围限定在商品住宅和保障性住房之内计算预测期间内的供给总量。其中，商品住宅供给主要以投资期内批准预售面积作为依据，量化基础参照年住宅施工面积及其增长率、年批准预售占比以及预测期间。保障性住房供给量化时分类合计，计算公式如下：廉租房 + 公共租赁房屋 + 经济适用房等。

此外，在土地到商品住宅的供给转化过程中，新开工情况、施工情况、竣工情况的变化直接关系到供给总量的变化，因此尽职调查时我们将其列为辅助参考依据。

**3. 政策措施**

我国的房地产市场在经历了 1993 – 1996 年起步期、1998 – 2002 年平稳发展期、2003 – 2005 年快速发展期、2006 – 2008 年调控期、2009 – 2010 年复苏并快速增长期之后，从 2011 年开始步入密集调控期。

国家在房地产调控过程中出台的政策措施，有些是对需求产生影响，有些是对供给产生影响，还有的是同时对需求和供给产生影响，继而影响商品住宅的价格和成交量。因此不管是中央政府的“史上最严厉调控政策”，还是地方政府的“预调微调政策”，都会受到房地产开发企业、房地产基金、购房者的密切关注。在尽职调查过程中，分析每一项政策措施的调整取向就至关重要。以 2013 年 3 月 1 日国务院办公厅发布的《关于继续做好房地产市场调控工作的通知》【国办发［2013］17 号】（“国五条细则”）为例进行说明如下。

（1）行政调控。“国五条细则”第二条“继续严格执行商品住房限购措施”中规定：“已实施限购措施的直辖市、计划单列市和省会城市，要在严格执行《国务院办公厅关于进一步做好房地产市场调控工作有关问题的通知》（国办发〔2011〕1 号）的基础上，进一步完善现行住房限购措施。限购区域应覆盖城市全部行政区域；限购住房类型应包括所有新建商品住房和二手住房；购房资格审查环节应前移至签订购房合同（认购）前；对拥有 1 套及以上住房的非当地户籍居民家庭、无法连续提供一定年限当地纳税证明或社会保险缴纳证明的非当地户籍居民家庭，要暂停在本行政区域内向其售房。”这里国家通过行政调控手段扩大限购区域和限购住房类型，提前审查购房者资格，限制部分非当地户籍居民家庭购房，将更多购房者划分到限制购房的范围之内，强行压制市场需求。

（2）信贷调控。信贷政策是国家宏观调控中最常用也是最有效的经济手段之一，对需求和供给都能够进行调整。“国五条细则”第二条

"继续严格实施差别化住房信贷政策"中规定："银行业金融机构要进一步落实好对首套房贷款的首付款比例和贷款利率政策，严格执行第二套（及以上）住房信贷政策。要强化借款人资格审查，严格按规定调查家庭住房登记记录和借款人征信记录，不得向不符合信贷政策的借款人违规发放贷款。"本条通过设置购房首付款比例和强化贷款资格审查，减少对按揭贷款的信贷投放量，从而降低购房者的购买力和购买预期，大幅减少市场上的需求。另外，国家加强调控的环境下，银行减少对房地产企业的间接融资支持，加大房地产企业申请项目开发贷款的难度，影响房地产项目开发建设进度，甚至导致烂尾项目的形成，直接减少市场上的供给。在某种程度上，信贷政策比其他房地产调控政策对房地产市场的影响更大。

（3）税收调控及其他。"国五条细则"中通过税收手段增加税负而减少市场需求的措施，表现在"税务、住房城乡建设部门要密切配合，对出售自有住房按规定应征收的个人所得税，通过税收征管、房屋登记等历史信息能核实房屋原值的，应依法严格按转让所得的20%计征"和"推进房地产税制改革"等方面。通过增加土地供给和保障性住房供给增加市场房屋供给的措施，表现在"各地区要根据供需情况科学编制年度住房用地供应计划，保持合理、稳定的住房用地供应规模，原则上2013年住房用地供应总量应不低于过去5年平均实际供应量"和"全面落实2013年城镇保障性安居工程基本建成470万套、新开工630万套的任务"等规定。

### （三）微观市场要素

#### 1. 项目自身及周边

房地产企业将房地产项目推向市场，增加区域内供给，但要获得市场的认可，获得购房者的青睐，必须提升自身竞争力，同时作为"绿叶"的周边环境亦是购房者重点关注点，甚至取代项目品质成为最关键的点，比如学区房、地铁房等。

项目自身方面的调查内容包括但不限于项目地块的平整性和规则性，

如项目规模、开盘定价、内部景观、科技创新、户型设计、容积率，操盘团队能力、房地产企业品牌等。周边环境方面的调查内容包括但不限于项目区位、交通条件、区域人流、视野障碍、自然环境、商业配套、人文氛围、生活配套等。

一个房地产项目不可能在上述所有方面都具备竞争优势，因此在尽职调查过程中，要对项目自身及周边情况进行全面调查并进行优劣两方面的分析，如此才有可能形成完整的评价。例如，有的项目地处非主城区，环境优美，空气清新，但商业氛围差，人气不足；有的项目地处中心城区，周边多条公交线路，但地块狭长影响规划，噪音、空气污染严重，视野受到遮挡；有的项目规模在几十万平方米，大盘运作，但容积率过高影响品质，管理难度大等。

**2. 外部环境**

外部环境是指拟投资房地产项目与其竞争对手形成的区域范围内的影响因素，包括但不限于城市规划、区域内项目开发、国家调控措施、区域内客户群、产业发展等。

其中，城市规划是指拟投资房地产项目所在地最近一期审批通过的城市总体规划设计方案和控制性详细规划设计方案。通过标识拟投资项目所在具体区位，可以直观地判断拟投资房地产项目是否处于区域发展的轴线或发展带，是否具有交通可及性，是否有植被、山脉、河流等自然景观，是否有人文景观，周边是否有商圈、医院、学校、机场、银行、车站等公建配套，是否有污染源，是否有遮挡物破坏景观等。

同对项目自身及周边的分析一样，尽职调查时不能以偏概全，要从机会和威胁两方面分析上述因素对拟投资房地产项目的影响。一般情况下，区域内项目开发量大，分流人群，是对拟投资项目的威胁，但竞争激烈带动区域升温，吸引更多人流，是为机会；城市规划前景看好，但大批投资注入，必然增加区域内供给，又是不利因素；旅游业带动投资客增加，但受国家抑制投资投机性需求政策的影响，又会使购房受限等。

综合对微观市场要素的尽职调查，既包括对项目自身及周边的优势和劣势的分析，又包括对外部环境的机会和威胁的分析，二者共同构成拟投资房地产项目的SWOT分析。

## 三、市场尽职调查的方法

房地产市场尽职调查的阶段决定方法的适用。其中，资料归集阶段，适用公开信息查询法；资料整合阶段，适用模型分析法；现场调查阶段，适用市场调研法。

### （一）公开信息查询法

《中华人民共和国政府信息公开条例》第十条规定："县级以上各级人民政府及其部门应当依照本条例第九条的规定，在各自职责范围内确定主动公开的政府信息的具体内容，并重点公开下列政府信息：行政法规、规章和规范性文件；国民经济和社会发展规划、专项规划、区域规划及相关政策；国民经济和社会发展统计信息"。第十五条规定："行政机关应当将主动公开的政府信息，通过政府公报、政府网站、新闻发布会以及报刊、广播、电视等便于公众知晓的方式公开"。政府官方网站的"政府信息公开"栏目已将国民经济和社会发展统计公报、国民经济和社会发展五年规划纲要、城市总体规划、区域详细规划、人口普查主要数据公报等文件通过网络向社会公开，可据此查询市场尽职调查中的城市概况、宏观市场要素、微观市场要素的城市规划等内容。

需要注意的是，由于有些城市未彻底执行上述条例规定，尽职调查时可结合政府职能部门网站进行查询。另外，宏观市场要素中的城市经济规模、居民购买力、人口环境和城镇化、新开工情况、施工情况、竣工情况以归集最近五年数据为宜，便于进行趋势分析。

### （二）模型分析法

通过公开查询归集的资料，需要建立分析模型进行整合，不能直接在市场尽职调查报告中列示。

第一，直接将归集的城市经济规模、居民购买力、人口环境和城镇化、新开工情况、施工情况、竣工情况等最近五年数据形成柱状图或折线图，以便直观地表现上述宏观市场要素的变化轨迹，同时为预测期间内的供求关系对比提供依据。

第二，通过在上述数据间建立链接，形成新的参考要素，比如人均GDP、人均消费支出占比、竣工面积占比等，并以柱形图或折线图等直观形式表现。

第三，通过分别量化预测期间内的市场供给和市场需求，计算供需比，对供求关系作出预测。

### （三）市场调研法

市场调研法是深入项目施工地、项目办公地、项目售楼处及竞争对手的相关场所，进行现场询问和现场记录。现场询问对象包括项目工程负责人、项目财务负责人、项目市场调研负责人、项目售楼人员、竞争对手售楼人员等。现场记录方式包括文字、图片、录音录像等。

运用市场调研法进行现场调查，在完成对除城市规划外的微观市场要素调查的同时，也为财务尽职调查奠定基础。因为市场调查和财务调查在此形成交叉，通过市场调查获取的资金用途、还款保障、市场价格等关键资料将为接下来的财务调查工作做好准备。

#### 1. 资金用途方面

通过现场询问了解房地产企业的资金安排情况，进而确定所融资金是用于土地招拍挂、支付工程款、社区配套建设还是其他用途，为最大限度地保证资金安全提供依据。

#### 2. 还款保障方面

通过现场考察掌握房地产企业已建项目、在建项目、未建项目在投资时点的可售资源状况，包括可售面积、可售套数和销售价格等，以便在财务调查时核对房地产企业提供的相关资料。

#### 3. 市场价格方面

通过现场调查拟投资房地产项目的土地成本、建安成本、建筑材料价格、税费等价格影响因素，为财务调查中经济指标测算和敏感性分析提供依据。

## 四、市场尽职调查中的不足

随着房地产行业的发展，房地产基金投资进一步成熟，资本运作也更加理性化。在此过程中，进行市场尽职调查显得日益重要。但经由市场尽职调查形成的报告目前仍存在许多缺陷。

第一，在程度上，尽职调查所得资料罗列式居多。通过调查所获得的房地产市场数据，很大程度上停留在“描述”的阶段，作为核心的深度分析乃至预测，几乎没有达到。房地产基金中的GP和LP，仅凭尽职调查报告中的数据罗列，无法建立对房地产市场的全面认识。只有在调查的基础上进行分析研究，从而得出结论，才能得到房地产基金的认同，也才能在最终的投资决策中体现参考价值。

第二，在表现形式上，文字表述居多。通过公开信息查询所调查的房地产市场资料，大都以文字的形式呈现，而经过转换生成的图形、图表等表现形式所占比重不高，甚至没有。对于房地产基金中的GP和LP来说，时间具有很高的价值。这种枯燥单一的表现形式，路演时容易造成精神疲劳，导致市场尽职调查的成果大打折扣。

第三，在内容上，缺少对供求关系和竞争对手的研究。首先，仅仅分析影响供给和需求变化的因素是远远不够的，如果不能量化，就不能就房地产市场的供不应求抑或供大于求进行预测。其次，一般来说，对竞争对手的调查是市场尽职调查的重中之重。如果没有对比分析，将不能展现拟投资房地产项目的优势，也不能暴露拟投资房地产项目的劣势，进而直接影响到销售预期，加大投资风险。

综上，“投资未动，市调先行”，房地产市场尽职调查关乎房地产基金投资的成功与否，关乎投资人的资金安全，是房地产基金投资的先锋，通过宏观和微观两个层面的调查，为房地产基金投资提供关键的决策依据。

# 第四章　房地产基金投资的财务尽职调查

财务尽职调查是房地产基金（又称“投资方”，下同）开展投资尽职调查的核心内容之一，充分而翔实的财务尽职调查，是投资方作出合理的投资决策的前提。财务尽职调查的目标在于：在获得真实有效的基础财务数据的前提下，对目标公司（又称“融资方”，下同）的偿债能力、盈利能力、现金流等财务状况进行核实，并结合项目的具体开发建设情况进行分析，从而为投资方的投资决策提供一定的参考。

## 一、财务尽职调查的现状分析

当前，房地产开发企业尤其是中小型企业，为了应对法定的财务报告审计要求或者是基于纳税、融资方面的考虑，往往会准备多套财务账。房地产开发企业为了实现融资，可能在提供财务资料时会有所保留，在某些情况下甚至会对其披露的财务报表进行一定的粉饰，这就使得房地产基金在对融资方进行投资分析时，单纯依据融资方提供的财务数据很难作出较为客观的财务评价。

在投融资关系中，一方面，投资方希望获得尽可能真实可靠的财务数据，另一方面，融资方基于融资成功的考虑，会使其提供的财务数据尽可能符合投资方的条件或预期，同时，由于对投资方心存芥蒂，融资方在提供财务资料时难免会存在一定的顾虑，即认为其经营管理信息属于商业秘密，不应该轻易让外人知晓，这种情况下，融资方提供的资料可能具有很大的片面性。如果双方这种僵持局面难以突破，双方的合作也很难进一步开展。

投资方如果要顺利地开展财务尽职调查，首要的工作就是与融资方管理层进行充分有效地沟通，让融资方相信投资方关注的是融资方长远的发展前景，投资方是否投资是对融资方和拟融资项目进行综合判断的结果，只要财务数据存在合理性，拟融资项目能够实现预期的收益率，双方就存在合作的机会，投资方不会干预和影响融资方的正常经营活动，而且投资方对获得的所有资料负有保密义务。同时，投资方也应该让融资方管理层明白真实可靠的财务数据是双方进行长远合作的基础，投资方也需要向其投资人“有所交代”。

此外，在融资方和拟融资项目财务数据的分析方面，也存在一定的片面性：

其一，融资方财务分析层面：仅列示融资方资产负债表和利润表，缺少对财务报表中相关重要会计科目的特定分析；只关注资产负债率指标本身，而容易忽略是什么原因造成指标的差异性以及融资方真实的资产负债水平；关注账面本身，而不关注该数据的形成过程；对融资方的偿债能力、盈利能力、现金流等财务状况缺乏相应的分析；忽视从实际控制人控制的整个盘面来分析融资方及其关联公司的财务状况等。

其二，拟融资项目财务分析层面：以拟融资项目的静态经济指标测算为主，如投资收益率、销售利润率等，动态经济指标的分析测算比较欠缺；现金流量分析往往只关注拟融资项目未来的现金流入与现金流出，而不对已经发生的现金流量进行测算，背离了对拟融资项目现金流量进行分析预测的目标，不利于从整体上考察拟融资项目的动态指标，进而容易孤立地调查拟融资项目的工程状况和销售状况。

## 二、目标公司的财务尽职调查

### （一）目标公司的融资情况

在考虑拟融资项目全部投资额的基础上，投资方应首先调查目标公司现有的融资规模，分析拟融资项目当前是否有融资的必要。如果按拟融资项目的进展和资金使用计划，根本不存在融资的必要，则目标公司可能存在通过拟融资项目而将所融资金转借给其他关联公司使用的可能。对目标公司融资规模的调查主要通过与目标公司实际控制人深度洽谈，以了解其对拟融资项目资金运作的整体安排，每一项资金安排是否具有可行性，以及风险多大等。

在了解目标公司融资规模的基础上，投资方需要进一步了解目标公司开发资金的来源及金额大小。一般来说，目标公司进行房地产开发的资金主要有以下几个方面的来源：①股东原始投入（实收资本及资本公积）：这部分在目标公司总的资金来源中占比很少，往往是目标公司为获得一定资质而投入的资本；②关联方或股东的借款：这部分是目标公司前期拿地资金的主要来源；③银行的借款：这部分款项主要用于拟融资项目的开发建设，但由于受政策和目标公司融资能力的影响，不同的房地产开发企业差异很大；④股权投资企业的过桥投资：投资额度比较大，但程序比较复杂；⑤信托：由于受国家严格监管，所以一般是比较有实力的房地产开发企业才可能得到信托公司的投资，常见的如信托贷款。此外，拟融资项目的预售收入也是目标公司开发建设资金或偿还债务资金的重要来源，尤其是对中小房地产开发企业而言。所以，如果拟融资项目销售不理想，不仅可能给目标公司造成一定的偿债压力，也可能造成拟融资项目后期的开发建设投入资金的短缺，进而会对目标公司的正常经营活动造成一定的影响，目标公司很可能会出现资金紧张的局面。

不同的资金来源对目标公司而言面临着不同的财务压力。股东的投入及其借款、关联公司之间资金的占用方面，资金使用成本小甚至不用支付使用费，而且资金使用时间也没有明确的限制，一般是等到拟融资项目全部清算完毕，所以该部分资金对目标公司不会形成偿债压力；银行借款方面，融资成本固定，偿还时间比较确定，但是有可能使目标公司面临短期偿债压力，同时，目标公司获得银行贷款离不开相应的抵押担保；股权投资企业的过桥投资方面，借款部分需要定期偿还本金，而股权投资部分尽管为股权，但到期一般也涉及股权回购义务，所以该部分融资在某种程度上也会对目标公司形成偿债压力，同时该部分资金的成本较高。

综上，在对目标公司的资金来源情况进行财务尽职调查时，投资方应重点关注每一部分资金规模占总的融资资金的比重，以及债务的偿还时间，依此可以测算出目标公司在开发建设中可能何时面临偿债压力，以及偿债金额是多少。当然，目标公司的所有资金并不是一步到位的，在投资的不同阶段，投资方需要根据目标公司的资金需求对其总的融资规模进行相应的预测，预测其资金需求和相应可行的融资方式，对目标公司的财务状况时刻保持关注。

### （二）目标公司或关联公司的资产与负债状况

当前，房地产开发企业进行项目开发的基本模式是：针对不同的项目，由实际控制人或其控制的公司成立专门的公司进行运作，从而实现各公司之间财务上的相对独立，以降低经营风险。关联方或股东对目标公司的前期投资，除了注册资本外，另一个重要部分是为目标公司取得国有土地使用权而代缴的土地价款及相关税费，由此形成目标公司对关联方或股东的负债。目标公司成立初期，账面上的存货科目主要反映的是目标公司购买土地使用权的价值，该笔款项一般来自于实际控制人或相关股东。因此，投资方在对目标公司进行投资时，有必要关注关联公司的经营和财务状况。

关联公司的主要经营范围及经营业绩、其投入目标公司的资金来源是否合法、实际控制人的经营管理风格等都可能对拟融资项目的有序开发建设产生影响。当然，从财务角度，投资方对关联公司关注的重点应是关联公司资金来源的合法性，以及目标公司与关联公司之间资金的往来款是否如实记录、是否存在真实的往来。

此外，如果实际控制人控制多个公司，投资方在尽职调查时，需要关注实际控制人控制的相关公司的经营范围是否属于与目标公司相关的上下游行业，如建筑公司、销售公司等，因为这种情形下有可能形成关联交易，需要重点关注作为关联方的建筑公司是否存在垫资建设，以及该种建设方式如何影响目标公司拟融资项目的开发建设成本等。

### （三）目标公司的主要会计科目

房地产开发周期长，投入资金大，前期大额的土地价款一般需在较短时间内支付，后续的开发资金需分期投入。所以，对目标公司财务报表的尽职调查也应区别于一般公司。对于目标公司提供的财务报表，投资方应重点关注以下会计科目及其相关内容。

**1. 存货**

房地产开发企业的存货构成包括国有土地使用权价值、在开发产品和已开发产品。对目标公司而言，在拟融资项目开发的初始阶段，存货列示的金额就是土地使用权价值和前期工程的投入。因土地价款主要来自于关联公司或股东的借款，前期工程的投入成本主要是向相关单位或个人支付相应款项，所以在关注存货科目时需要关注其与应付账款和其他应付款科目的一致性。拟融资项目取得预售许可证并开始对外销售后，虽然目标公司取得了预售收入，但由于不符合收入确认条件，所以也不会结转相应的成本，因而存货科目所列示的金额仍不会减少，直到符合收入确认条件，存货才能实现相应结转。所以，在财务尽职调查中，投资方应该根据投资进入阶段和拟融资项目实际开发情况判断存货余额的合理性。

存货对目标公司资产的流动性和短期偿债能力也有重大的影响。由于开发建设投入最终均以存货形式存在，且存货余额在结转之前都不会减少，所以随着开发建设的不断推进，存货余额会越来越多，目标公司的流动比率可能一直处于高水平，但是扣除存货后的速动比率却很低。这种情况下，根据目标公司提供的财务报表计算出来的目标公司流动比率和速动比率的好坏不能一概而论，而应具体分析造成差异的原因。此外，在拟融资项目的预售阶段，只有符合条件的存货，尤其是存货中的开发产品，才能形成目标公司的预售收入，而预售收入是目标公司进行后续开发和偿还短期债务的主要资金来源之一。所以，存货的大小在很大程度上影响着目标公司的短期偿债能力。

**2. 预收账款、应付账款、其他应付款**

“预收账款”的主要来源是预售收入，所以，投资方应关注预收账款的变动与目标公司取得预售许可证时间的一致性。预收账款在确认为收入之前是属于流动负债的内容，对目标公司流动比率的影响较大。但该部分负债是不需要偿还的，它不仅不会构成目标公司的短期偿债压力，而且还会提高目标公司的偿债能力。此外，预收账款的多少可以在某种程度上反映拟融资项目的销售情况和资金回笼速度，预收账款越多，表明拟融资项目的市场认可度越高，资金回笼速度越快。

“应付账款”的主要构成为应付的工程款，所以，对于该项所列示的金额应关注的是其与相关业务合同中的约定金额是否一致，当然，这需要仔细比对相关合同中的支付金额及时间。在此基础上，需要关注目标公司对该应付科目的短期偿债能力。同时，需要关注具体的债权单位，是否有关联方及其所占的比重；是否有大量的个人，如果有则可能存在将工程承包给个人建设的情况。

房地产开发企业的“其他应付款”科目主要是指目标公司占用关联公司、实际控制人或股东的资金，而且一般来说，数额可能较大，它对目标公司资产负债率有较大影响。但是由于该负债一般没有偿还时间的限制，也没有明确的资金成本，所以，它一般不会构成目标公司的短期偿债压力。

此外，负债项下，投资方还需要关注目标公司一年内到期的长期借款，因为这很容易构成目标公司的短期偿债压力，投资方应关注目标公司是否有能力偿还该笔到期借款或是否有续借的能力。

### （四）目标公司的财务指标分析

财务指标分析一般包括资产的流动性、公司偿债能力和盈利能力的分析，各个大的指标项目之下又包括相应的小指标。由于各个行业生产经营活动存在特殊性，所以，对房地产开发企业而言，投资方应选择相应指标进行有针对性的分析。

资产的流动性方面，在关注目标公司资产负债率时，应关注其负债的构成，考察哪些负债会对目标公司形成真正的偿债压力。此外，应关注目标公司的流动比率和速动比率，目标公司的存货和预收账款余额的大小对这两个指标的影响较大。流动比率和速动比率的差异可以在某种程度上反映目标公司的销售状况，而由于预收账款在确认为收入之前属于流动负债项目，所以这可能导致该指标与其他行业的标准存在较大差异。对投资方来说，对目标公司应收账款、存货的周转率等财务指标进行分析，意义不大，因为目标公司的开发产品只有在销售完毕并交付时才结转成本，而且目标公司也不会赊销卖房，所以基本不会形成大额的应收账款。

目标公司的偿债能力方面，首先看资产负债率，当然，在衡量目标公司的资产负债率时可以剔除负债中实际对目标公司不构成偿债压力的负债，如预收账款、应付关联方的借款等。其次看利息保障倍数，目标公司在实现销售收入的情况下一般就会实现对利息的保障。从利润表来看，利息保障倍数的大小取决于项目实现的净利润，而利润的实现取决于存货的对外销售。从资产负债表来看，预售取得的收入有利于目标公司偿还债务和利息。所以，拟融资项目未来的销售状况影响目标公司的偿债能力。

盈利能力指标包括净资产收益率、销售净利率、投资净利润率等，这些指标的分析都需要建立在财务数据预测的基础上，所以，对这类指标进行分析时，首先应关注构成这些指标的基础数据的可靠性，其次才是关注指标本身所反映的财务状况。对于每一个基础数据是如何确定的，及该计算有无依据等都需要明确。所以，投资方应重点关注数据的合理性，其次才是测试该指标的意义。

## 三、拟融资项目的财务尽职调查

### （一）拟融资项目的基本经济技术指标

拟融资项目的基本经济技术指标是计算其他财务数据和进行财务分析的基础，只有明确了基本经济技术指标，才能提高数据预测的合理性。在此类指标中，主要有以下几个指标值得关注：

首先是总规划占地面积，它一般由建筑、道路、绿化、配套设施等用地面积组成，而这些是评估楼面价高低、测算基础设施和配套设施投资成本的基础。所以，在进行拟融资项目成本测算时，需要首先明确各种用地的规划面积。对于测算出来的相关成本数据，可以与行业的一般标准相比较，然后根据拟融资项目的建设标准考察其合理性。

其次是拟融资项目的总建筑面积，根据拟融资项目的业态，明确普通住宅、别墅、商业等各个部分的建筑面积，从而有利于分别测算项目总销售收入和单方投资成本，避免笼统的测算，导致数据缺乏可比性。

拟融资项目的规划占地面积和建筑面积，可以通过目标公司已经经过当地规划部门审批通过的拟融资项目平面设计图确定。此外，其他一些基本数据，如拟融资项目的开发建设需要向相关政府部门缴纳的城市配套费、防空费等，以及拟融资项目所在地的建安成本等，可以通过搜索当地政府部门网站的相关文件资料和查阅目标公司的建筑工程施工合同等途径获取。

拟融资项目的开发建设周期关系着资金的投入与回收时间，拟融资项目开发周期越长，成本越高，目标公司的财务风险可能越大。所以，实务中，投资方应关注拟融资项目实际的前期开发、施工建设、销售、交付使用时间等与原来的预测是否一致，是什么原因导致差异，以及不一致有什么影响等。

### （二）拟融资项目的经济预测分析

当前房地产开发项目的经济预测主要是静态指标的分析，即通过预测项目各项成本和收入，得出项目的销售利润率、投资收益率等指标。在项目现金流量的分析方面，也只注重分析项目未来期间的现金流量，而不注重分析已经发生的现金收支情况，从而不利于测算投资期间项目的动态分析指标。之所以要测算拟融资项目的动态指标，是因为房地产开发周期长、资金投资量大，故有必要考虑资金的时间价值，以及通货膨胀的影响。在动态指标的测算方面，主要是测算拟融资项目的内部收益率和投资净现值，进而分析拟融资项目是否值得投资。

拟融资项目投资净现值（NPV）指按一定的折现率，将拟融资项目在计算期内各期的净现金流量折算到开发活动起始点的现值之和，它是房地产开发项目财务评价中的一个重要动态经济指标，主要反映项目在计算期内的盈利能力。根据测算，如果拟融资项目净现金流量现值总和大于或等于零，则说明拟融资项目的实际投资回报率高于或等于投资方期望的目标收益率，拟融资项目具有可投资性。测算该指标时关键是要确定各期的净现金流量（包括现金流入和现金流出）和合适的折现率。各期的现金流量主要根据拟融资项目开发建设情况预测各期的现金流入和现金流出，折现率可以使用项目资本成本，也可以使用目标公司所有投资资本的加权成本，还可以使用投资方期望的最低投资回报率。投资方在测算该指标时，可以利用EXCEL表的计算功能，通过分析预测拟融资项目开发建设期间各期的现金流量，然后以目标公司平均的资本成本进行折现，即可得出未来各期现金流量的现值之和。

拟融资项目的内部收益率（IRR）是指在整个寿命期内，拟融资项目所产生的现金流入现值总额与现金流出现值总额相等、净现值等于0时的折现率。这种方法实际上是在知道净现值为0的基础上反过来计算折现率。它反映了拟融资项目潜在的最大盈利能力。内部收益率计算的唯一依据是各期的净现金流，“内部”说明它只与拟融资项目本身的净现金流有关，该净现金流反映了投资与回报之间的本质固有关系，其计算与折现率的大小无关。通过测算，如果拟融资项目的内部收益率大于拟融资项目资本成本或投资方期望的最低报酬率，表明拟融资项目具有营利性。内部收益率越高，表明拟融资项目盈利能力越大。

净现值和内部收益率的确定都是以拟融资项目开发建设期间各期的净现金流量为基础，所以，为了得出拟融资项目在投资期间各期可靠的现金流量，投资方需要与目标公司相关部门的人员进行沟通，了解拟融资项目的开发建设进展情况、销售情况以及目标公司的融资状况。当然，如果投资时拟融资项目处于初始阶段，如拟融资项目仅取得国有土地使用权证，尚未开工建设，则投资方应重点关注预测数据的合理性，目标公司以往开发业绩可以作为参考。

此外，房地产行业容易受国家政策、市场环境等外部因素的影响，所以，在进行经济测算时，投资方也可以对拟融资项目进行盈亏平衡分析和敏感性分析，从而方便对拟融资项目进行跟进式的监控，并及时采取相关的应对措施。一般来说，静态的盈亏平衡分析和敏感性分析可能参考意义不大，但是动态的盈亏平衡分析和敏感性分析的计算更加复杂，在获得基础数据的基础上，投资方可以通过 EXCEL 进行测算分析。

## 四、财务尽职调查后的投资决策

财务尽职调查的结果只是对目标公司和拟融资项目某一时点财务状况的反映，而投资方的投资决策需要在此基础上作出，所以，如果尽职调查完成后，投资方认为目标公司和拟融资项目具有投资价值，且投资方决定投资，则为了实现预期的投资目标，投资方还应在投资完成后持续关注拟融资项目的实际进展与财务尽职调查时的预测是否一致，并同时加强对拟融资项目的监管，以尽可能地保证目标公司和拟融资项目的实际情况与预测的一致性。如果实际情况与预测发生背离，则应及时分析原因并采取有效应对措施。

投资决策是一个综合判断的结果，如果拟融资项目在财务上具有可投性，投资方还需进一步考虑拟融资项目的市场前景和目标公司管理层对拟融资项目的管理运作能力。所以，财务尽职调查的结果不能完全成为投资决策的依据。

在目标公司主体方面，由于房地产开发的特殊性，目标公司往往由实际控制人设立，目标公司的管理团队也一般来自于实际控制人控制的其他关联公司。所以，关联公司的实力、过往业绩和管理团队的操盘能力都对目标公司的拟融资项目有重大影响。在对拟融资项目进行财务尽职调查时，投资方应对目标公司的实际控制人、管理团队、拟融资项目的进展等方面予以关注。

实际控制人的工作经历、个人能力对目标公司的经营管理风格和企业文化的形成也会产生重大影响。管理团队决定着目标公司对拟融资项目的运作能力，一个强有力的管理团队意味着拟融资项目的开发建设已取得一半的成功。此外，投资方也应关注目标公司或其关联公司已经开发完工的项目是否销售完毕，相关税费是否缴纳完毕，是否已经履行了过户义务等；对于目标公司的储备项目，则应关注其对储备项目的计划，并综合考虑目标公司和关联公司所有资金的调配情况。

# 第五章 房地产基金投资的法律尽职调查

投资方由于信息不对称，无法通过商务谈判等活动深入了解融资方，这种情形下的投资，风险是巨大的。所谓“知己知彼，百战不殆”，只有通过法律尽职调查，才能判断本次投资是否存在法律风险，存在哪些法律风险以及如何控制。本文对法律尽职调查过程中遇到的典型风险点通过案例的方式展示，并予以分析。

## 一、历史沿革

【案情简介】

2010年，吉林X建筑公司（以下简称X公司）申请融资20 000万元人民币。通过尽职调查，X公司的历史沿革情况如下：

X公司前身系国有企业，于1994年取得当地政府改制批文进行改制。根据改制方案，X公司发起人由18人组成；而改制时X公司章程第三条规定“注册资本全部由六名股东认足”（为上述18人中的6人）。

1994－1996年，通过一系列股权转让，X公司在工商登记管理部门的登记股东由发起人名录中的18人变更为公司章程中的6人。

1997－1998年，通过内部一系列股权转让，上述6人分别持有X公司99.2%，2.47%，1.23%，1.23%，2.47%，2.47%的股权。

1999－2007年，X公司持股最大股东逐步收购其他5人所持股权。

【分析意见】

从X公司的历史沿革可以看出，X公司完成了从国有企业到集体企业，再到私营企业的改制过程。在此过程中，主要存在以下三个问题：

第一，在股东人数上，政府改制批文与X公司章程存在冲突。

经过批准的改制方案是国企改制的实施依据，而公司章程是公司的“宪法”“行动纲领”。二者对公司权益的所有者即股东的人数规定不一致，对公司权益的享有主体的认定带来困难。

第二，从1994－1996年的股权转让来看，公司章程记载先于股权转让程序。

根据《中华人民共和国公司法（1993）》第三十六条“股东依法转让其出资后，由公司将受让人的姓名或者名称、住所以及受让的出资额记载于股东名册”的规定，依法完成股权转让是公司章程中股东变动的前置程序。本案中X公司的相关股权转让程序是在X公司章程规定6名股东之后两年内完成的，与上述法律规定不符。

第三，从1997－1998年的股权转让来看，股权比例总计（109.07%）超过100%。

根据《中华人民共和国公司法（1993）》第三十三条规定，股东按照出资比例分取红利。根据第一百九十五条第二款和第三款规定，公司清偿债务后的剩余财产，有限责任公司按照股东的出资比例分配。因此，股东持有公司股权比例直接决定股东分红和公司剩余财产分配，股权比例不清容易产生法律纠纷。

我们认为，X公司改制中的上述问题实际上造成X公司历史沿革不清。虽然房地产基金投资不需要X公司按照IPO的要求，出具省级人民政府出具的确认文件，但是，不能厘清X公司的产权关系，就不能明确界定哪些主体享有对X公司改制以来积累的一系列财富主张的权利，将来可能直接影响投资方作为X公司股东的利益。

## 二、出资程序

**【案情简介】**

2011年，成都H房地产公司（以下简称H公司）申请融资人民币8 000万元。

尽职调查结果显示，H公司于2009年7月由张某和李某出资设立，其中张某以土地使用权出资人民币480万元，李某以货币出资人民币200万元。虽然H公司设立时，成都某会计师事务所出具了张某全面履行出资义务的验资报告，但实际上，张某截至尽调时尚未办理土地使用权的过户手续。

**【分析意见】**

第一，张某未办理土地使用权过户手续属于未履行出资义务的行为。

根据《中华人民共和国公司法》第二十七条前两款“股东可以用货币出资，也可以用实物、知识产权、土地使用权等可以用货币估价并可以依法转让的非货币财产作价出资；但是，法律、行政法规规定不得作为出资的财产除外。对作为出资的非货币财产应当评估作价，核实财产，不得高估或者低估作价。法律、行政法规对评估作价有规定的，从其规定”和第二十八条第一款“股东应当按期足额缴纳公司章程中规定的各自所认缴的出资额。股东以货币出资的，应当将货币出资足额存入有限责任公司在银行开设的账户；以非货币财产出资的，应当依法办理其财产权的转移手续”的规定，股东以土地使用权出资的，应当经法定评估机构评估并依法办理土地使用权的过户手续。显然，本案中，张某的做法违反上述法律规定。

第二，在张某办理完毕土地使用权的过户手续前，房地产基金受让张某持有的H公司股权面临很大的法律风险。

根据最高人民法院关于适用〈中华人民共和国公司法〉若干问题的规定（三）第十九条“有限责任公司的股东未履行或者未全面履行出资义务即转让股权，受让人对此知道或者应当知道，公司请求该股东履行出资义务、受让人对此承担连带责任的，人民法院应予支持；公司债权人依照本规定第十三条第二款向该股东提起诉讼，同时请求前述受让人对此承担连带责任的，人民法院应予支持”和第十七条“股东未履行或者未全面履行出资义务或者抽逃出资，公司根据公司章程或者股东会决议对其利润分配请求权、新股优先认购权、剩余财产分配请求权等股东权利作出相应的合理限制，该股东请求认定该限制无效的，人民法院不予支持”的规定，如果房地产基金投资时通过股权转让受让张某持有的H公司股权，房地产基金将可能承担张某对H公司履行出资义务的连带责任，可能承担债权人请求张某在未出资本息范围内对H公司债务不能清偿的部分承担补充赔偿责任的连带责任，可能受到H公司章程或者股东会决议对未出资股东的权利作出的合理限制。

## 三、独立性

【案情简介】

2002年7月，王某以货币出资人民币5000万元设立广州W房地产公司（以下简称W公司），从事房地产开发业务。

W公司于2002年10月设立全资子公司W1置业公司（以下简称W1公司）；于2005年发起设立W2建筑公司（以下简称W2公司），持股比例为98%；于2006年发起设立W3百货公司，持股比例为90%（以下简称W3公司）。

2011年，W公司与东莞J置业公司（以下简称J公司）共同发起设立东莞D置业公司（以下简称D公司），拟开发东莞住宅项目，其中W公司持股比例为60%，J公司持股比例为40%。

2013年，D公司拟融资10 000万元用于支付东莞住宅项目的土地出让金。

尽职调查结果显示，W系公司（W公司、W1公司、W2公司、W3公司）拥有大量房地产开发、商业运营的业绩，王某作为W系公司的实际控制人操盘能力强，运作经验丰富。

但是，从人员上看，D公司系W公司和J公司运作东莞住宅项目的合作平台。D公司董事长由J公司董事长担任，总经理由W公司法定代表人王某担任，日常管理人员主要由J公司派驻。

从资金往来看，D公司、W系公司、J公司、股东之间债权债务关系不清晰、不稳定。

从取得东莞住宅项目的合同、支付资金、法律规定去考察，项目权属法律关系复杂。

【分析意见】

一般来讲，D 公司作为融资方，应系尽职调查的目标公司，但在房地产基金投资中，大部分受同一控制人控制下的房地产系列公司，拥有统一的管理团队，所有整合资源实行统一调配，尚不能如上市公司按照《上市公司治理准则》第二十二条的规定做到“控股股东与上市公司应实行人员、资产、财务分开，机构、业务独立，各自独立核算、独立承担责任和风险”。

本案中，东莞住宅项目权属不清，直接影响房地产基金作为 D 公司股东所享有的权益；投资资金进入 D 公司后，存在被挪作他用的可能，如此将影响东莞住宅项目的开发建设进度，影响房地产基金投资期内的净现金流，不利于保障房地产基金的顺利退出；D 公司与 W 系公司之间发生的关联交易，存在利益输送的可能，不利于房地产基金投资资金的安全。

鉴于此，我们认为，应将以 W 公司为核心的整个体系视为一个主体进行尽职调查，全盘考量 W 系公司旗下所有在建项目在未来一段时间出现正的净现金流的能力。

## 四、股权结构

【案情简介 1】

2002 年 8 月，陕西 A 房地产公司（以下简称 A 公司）成立，注册资本为人民币 7 000 万元，其中 a1 持股占比 55%，a2 持股占比 45%，公司董事长为李某。

2006 年 11 月，西安 B 房地产公司（以下简称 B 公司）成立，注册资本为人民币 5 000 万元，其中 b1 持股占比 49%，b2 持股占比 51%，公司董事长为李某。

2010 年 7 月，西安 C 房地产公司（以下简称 C 公司）成立，注册资本为人民币 500 万元，其中 c1 持股占比 45%，c2 持股占比 55%。

2011 年，A 公司拟融资 1.5 亿元用于支付某住宅项目开发建设费用。

尽职调查结果显示，a1 系李某的配偶，a2 系李某的嫂子，b1 系李某的侄子，b2 系李某的外甥，c1 和 c2 系 A 公司职员。可以看出，李某虽然不是任何一个公司的股东，但通过亲属关系和相关制度安排控制着上述公司，系实际控制人，而 a1，a2，b1，b2，c1，c2 只是名义股东，即股权代持人。

**【案情简介 2】**

2008 年 5 月，赵某、钱某、孙某三人出资设立青岛某房地产公司（以下简称青岛公司），注册资本为人民币 5 000 万元，出资占比分别为 40%：30%：30%，赵某为公司法定代表人，进行青岛市区内商品住宅项目开发。

2011 年 1 月，赵某、钱某、孙某三人出资设立胶州某房地产公司，注册资本为人民币 1 000 万元，出资占比分别为 30%：40%：30%，钱某为公司法定代表人，进行胶州市商贸物流项目开发。

2013 年 5 月，赵某、钱某、孙某三人出资设立高密某房地产公司，注册资本为人民币 2 100 万元，出资占比分别为 30%：30%：40%，孙某为公司法定代表人，进行高密市商品住宅项目开发。

2013 年 9 月，青岛公司拟融资 2 亿元用于其旗下项目的开发建设。

尽职调查结果显示，赵某、钱某、孙某三人系合作伙伴，约定每人各自运作担任法定代表人的房地产公司，开发各自的房地产项目，互不干涉经营管理，并独自享有项目利润。可以看出，赵某、钱某、孙某三人是以项目作为利益分配的依据，在每一个房地产公司中，除法定代表人以外，其他两人仅是名义股东，不参与利润分配。

**【分析意见】**

根据最高人民法院关于适用《中华人民共和国公司法》若干问题的规定（三）第二十五条第一款的规定："有限责任公司的实际出资人与名义出资人订立合同，约定由实际出资人出资并享有投资权益，以名义出资人为名义股东，实际出资人与名义股东对该合同效力发生争议的，如无合同法第五十二条规定的情形，人民法院应当认定该合同有效。”上述案例中，名义股东的股权代持行为受法律保护。另外，房地产基金与实际出资人签订的主投资协议，对名义股东与房地产基金之间的股权转让进行了约定，控制了名义股东基于无权处分导致股权转让行为无效的风险。

需要注意的是，在房地产基金投资之前，如果实际出资人与名义股东发生纠纷，名义股东可能拒绝配合签署投资相关法律文件，影响投资交割。在房地产基金投资之后，实际出资人与名义股东之间的股权纠纷可能绑架公司，殃及房地产基金的股东权益。

## 五、重大合同

**【案情简介】**

2011年初，襄樊Y置业公司（以下简称Y公司）与当地政府签订了《襄樊城中村改造项目合同书》，约定对369亩土地进行合作开发。

2011年6月，Y公司与当地政府就上述项目中的104.96亩土地和39.308亩土地分别签署了《国有建设用地使用权出让合同》。

2011年9月，湖北B房地产公司（以下简称B公司）由张某和郑某（Y公司控股股东）共同出资设立，注册资本为人民币5 000万元，其中张某出资占比60%，郑某出资占比40%。

2012年，Y公司、当地政府、B公司三方针对上述两份《国有建设用地使用权出让合同》签署了《变更协议》，将土地受让人变更为B公司。

2013年，B公司申请融资1亿元。

尽职调查结果显示，B公司已在襄樊城中村改造项目的104.96亩和39.308亩土地上开发建设一期项目，本次融资是为支付369亩中尚未出让部分的土地出让金。

**【分析意见】**

第一，B公司取得襄樊城中村改造项目104.96亩和39.308亩土地的使用权，存在一定的法律瑕疵。

根据《中华人民共和国城市房地产管理法》第三十九条规定："以出让方式取得土地使用权的，转让房地产时，应当符合下列条件：按照出让合同约定已经支付全部土地使用权出让金，并取得土地使用权证书；按照出让合同约定进行投资开发，属于房屋建设工程的，完成开发投资总额的25%以上，属于成片开发土地的，形成工业用地或者其他建设用地条件。转让房地产时房屋已经建成的，还应当持有房屋所有权证书。"本案中，Y公司在未完成出让合同约定的开发投资总额的25%的情况下，将襄樊城中村改造项目104.96亩和39.308亩土地的使用权转让予B公司，违反上述法律规定。但是，由于当地政府书面认可了受让主体的变更，该事项对房地产基金的投资影响不大。

第二，B公司不应作为369亩中未出让部分的土地使用权的受让主体。

由于B公司提交的资料中未有文件表明《襄樊城中村改造项目合同书》的签订主体已变更，Y公司仍然是369亩土地的合作开发者，因此，我们认为，从法律层次来讲，369亩中尚未出让部分的土地使用权的受让主体仍然应是Y公司。所以，房地产基金若投资B公司，风险很大。

**【案情简介】**

2010年8月，江苏K房地产公司（以下简称K公司）取得常州住宅项目的国有土地使用权。该项目系旧城改造项目，根据当地政策，不需要缴纳土地出让金。

2010年10月，K公司与常州S房地产公司（以下简称S公司）签订《合作开发协议书》，进行合作开发。

协议签订后，S公司向K公司支付150万元，陆续接管常州住宅项目工程，进行项目名称变更，并以K公司的名义签订拆迁协议，负担相关拆迁费用。

2011年，S公司拟融资1.2亿元用于常州住宅项目的开发建设。

根据尽职调查结果，K公司实际上并没有对上述项目进行投资。

**【分析意见】**

S公司与K公司签订《合作开发协议书》，名为合作开发，实为土地使用权的转让。

根据《中华人民共和国城市房地产管理法》第三十九条规定："以出让方式取得土地使用权的，转让房地产时，应当符合下列条件：按照出让合同约定已经支付全部土地使用权出让金，并取得土地使用权证书；按照出让合同约定进行投资开发，属于房屋建设工程的，完成开发投资总额的25%以上，属于成片开发土地的，形成工业用地或者其他建设用地条件。转让房地产时房屋已经建成的，还应当持有房屋所有权证书。"根据《中华人民共和国合同法》第五十二条规定，违反法律、行政法规的，合同无效。本案中，K公司在未完全满足转让条件的情况下，与S公司签订《合作开发协议书》，变相地将常州住宅项目的土地使用权转让给S公司，存在被有权机关认定无效的风险。如果被认定无效，S公司除了收回投资款，可能不对常州住宅项目享有任何权益，这必然损害房地产基金的投资利益。

需要注意的是，如果K公司在完全满足《中华人民共和国城市房地产管理法》第三十九条规定的条件下转让土地使用权，应尽快办理过户手续，否则依然存在不能取得土地使用权的风险。根据《最高人民法院关于审理涉及国有土地使用权合同纠纷案件适用法律问题的解释》第十条的规定："土地使用权人作为转让方就同一出让土地使用权订立数个转让合同，在转让合同有效的情况下，受让方均要求履行合同的，按照以下情形分别处理：①已经办理土地使用权变更登记手续的受让方，请求转让方履行交付土地等合同义务的，应予支持；②均未办理土地使用权变更登记手续，已先行合法占有投资开发土地的受让方请求转让方履行土地使用权变更登记等合同义务的，应予支持；③均未办理土地使用权变更登记手续，又未合法占有投资开发土地，先行支付土地转让款的受让方请求转让方履行交付土地和办理土地使用权变更登记等合同义务的，应予支持；④合同均未履行，依法成立在先的合同受让方请求履行合同的，应予支持。未能取得土地使用权的受让方请求解除合同、赔偿损失的，按照《中华人民共和国合同法》的有关规定处理。"

【案情简介】

2011年，保定Z房地产公司（以下简称Z公司）拟融资1亿元用于支付保定住宅项目地块的土地出让金。该项目位于南市区，占地12万平方米，总建筑面积约60万平方米。

Z公司持有的是房地产开发企业暂定资质证书，限承担建筑面积10万平方米以下的房地产开发项目，于是Z公司与具有房地产一级开发资质的河北G地产集团公司（以下简称G公司）协商一致，以G公司的名义履行土地招拍挂程序。

尽职调查结果显示，Z公司和G公司就上述事项未签订任何书面协议。G公司已经缴纳土地出让金1 500万元。

【分析意见】

第一，在保定住宅项目的权益归属上，Z公司和G公司之间可能会产生纠纷。

根据中华人民共和国国土资源部发布的《招标拍卖挂牌出让国有土地使用权规范（试行）》的规定："招标拍卖挂牌出让活动结束后，中标人、竞得人应按照《中标通知书》或《成交确认书》的约定，与出让人签订《国有土地使用权出让合同》。""受让人按照《国有土地使用权出让合同》约定付清全部国有土地使用权出让金，依法申请办理土地登记，领取《国有土地使用证》，取得国有土地使用权。"G公司作为保定住宅项目地块出让的申请人，在履行完毕招拍挂程序后，有权依法取得该项目的国有土地使用权。发生权属纠纷时，Z公司在未与G公司就借用资质事项形成书面协议的情况下，向G公司主张项目权益存在举证不能的风险。

我们认为，在房地产基金投资之前，Z公司应与G公司形成书面合意，并在协议中明确Z公司与G公司为资质借用关系，保定住宅项目的所有权益归Z公司所有，上述1 500万元系G公司代Z公司缴纳的土地出让金。如此才能有效保护G公司的利益，保护房地产基金投资后的股东权益。

第二，Z公司超越资质从事房地产开发存在受到行政处罚的风险。

根据《房地产开发企业资质管理规定》第二十条规定："企业超越资

质等级从事房地产开发经营的，由县级以上地方人民政府房地产开发主管部门责令限期改正，处5万元以上10万元以下的罚款；逾期不改正的，由原资质审批部门吊销资质证书，并提请工商行政管理部门吊销营业执照。”Z公司开发上述项目存在超越资质证书所核准的开发规模进行开发建设的问题，可能受到相关房地产开发主管部门的行政处罚，直至吊销营业执照。我们认为，Z公司应尽快取得保定住宅项目开发的相应资质，以防遭受行政处罚。

## 六、知识产权

【案情简介】

2011年10月，湖南衡阳A房地产公司（以下简称A公司）与“－”酒店连锁公司（以下简称“－”公司）签订合作协议，约定“－”公司有权优先入住A公司开发的商业地产项目。

2012年3月，A公司注册成立长沙“－”置业公司（以下简称“－”置业公司），拟开发长沙商业地产项目，同时以“－”公司名义进行项目招商。

2012年6月，“－”置业公司拟融资1亿元用于上述项目的开发建设。

【分析意见】

第一，A公司注册“－”置业公司涉嫌侵犯“－”公司的注册商标专用权。

根据《最高人民法院关于审理商标民事纠纷案件适用法律若干问题的解释》第一条的规定：“下列行为属于商标法第五十二条第（五）项规定的给他人注册商标专用权造成其他损害的行为：（一）将与他人注册商标相同或者相近似的文字作为企业的字号在相同或者类似商品上突出使用，容易使相关公众产生误认的”。本案中，“－”公司已经注册“－”商标并用于连锁酒店及其招牌、广告宣传上，通过长期使用与广泛宣传，具有极高的知名度。A公司直接以“－”公司的注册商标作为企业名称，涉嫌违反上述规定。

第二，“－”置业公司以“－”公司名义招商涉嫌不正当竞争，有受到行政处罚的风险。

根据《中华人民共和国反不正当竞争法》第九条的规定：“经营者不得利用广告或者其他方法，对商品的质量、制作成分、性能、用途、生产者、有效期限、产地等作引人误解的虚假宣传。”本案中，“－”公司仅同意优先入住A公司，不存在对A公司的授权许可行为，“－”置业公司的上述行为实际上是通过虚假宣传获得不正当的竞争优势。

根据《中华人民共和国反不正当竞争法》第二十四条的规定：“经营者利用广告或者其他方法，对商品作引人误解的虚假宣传的，监督检查部门应当责令停止违法行为，消除影响，可以根据情节处以一万元以上二十万元以下的罚款。”本案中，“－”置业公司存在被有关监管部门处罚的可能，对房地产基金投资造成不利影响。

## 七、运营模式

**【案情简介1】**

2013年4月，山西M房地产公司（以下简称M公司）与太原国土资源局签订关于太原住宅项目地块的《国有土地使用权合同》。

在办理上述项目地块的国有土地使用权证过程中，M公司向不特定人群推出了认筹方案，住宅每套认筹金额为20万人民币，商业每套认筹金额为30万人民币，并约定到签订选房确认书之前计算利息。

2013年10月，M公司拟融资2亿元用于支付太原住宅项目的开发建设费用。

根据尽职调查结果，M公司每月认筹金额达到3 000万元人民币左右，预计该认筹方式一直会持续到项目完工，且认筹款将成为项目开发资金的主要来源。

**【案情简介2】**

2012年，四川L房地产公司（以下简称L公司）申请融资1.5亿元，用于开发建设泸州住宅项目。

截止到尽职调查时，该项目已取得国有土地使用权证和建设用地规划许可证，尚未取得建设工程规划许可证和建筑工程施工许可证，项目现场正在挖掘地基，同时L公司已经收取大量认筹款。

**【分析意见】**

第一，M公司和L公司的收款行为违反法律规定。

根据《中华人民共和国城市房地产管理法》第四十五条的规定："商品房预售，应当符合下列条件：（一）已交付全部土地使用权出让金，取得土地使用权证书；（二）持有建设工程规划许可证；（三）按提供预售的商品房计算，投入开发建设的资金达到工程建设总投资的百分之二十五以上，并已经确定施工进度和竣工交付日期；（四）向县级以上人民政府房产管理部门办理预售登记，取得商品房预售许可证明。商品房预售所得款项，必须用于有关的工程建设"，《商品房销售管理办法》第二十二条的规定："不符合商品房销售条件的，房地产开发企业不得销售商品房，不得向买受人收取任何预订款性质费用"，案例中的M公司和L公司在未取得商品房预售许可证情况下，开盘收取认筹款，明显违反上述法律规定。

第二，M公司和L公司可能因收款行为被处以行政处罚。

根据《商品房销售管理办法》第四十二条的规定："房地产开发企业在销售商品房中有下列行为之一的，处以警告，责令限期改正，并可处以1万元以上3万元以下罚款。（一）未按照规定的现售条件现售商品房的；（二）未按照规定在商品房现售前将房地产开发项目手册及符合商品房现售条件的有关证明文件报送房地产开发主管部门备案的；（三）返本销售或者变相返本销售商品房的；（四）采取售后包租或者变相售后包租方式销售未竣工商品房的；（五）分割拆零销售商品住宅的；（六）不符合商品房销售条件，向买受人收取预订款性质费用的；（七）未按照规定向买受人明示《商品房销售管理办法》《商品房买卖合同示范文本》《城市商品房预售管理办法》的；（八）委托没有资格的机构代理销售商品房的。"M公司和L公司的做法属于该条规定中的第六种情形，存在被有关机关处以行政处罚的风险，并将直接影响M公司和L公司财务杠杆的运用，加大其财务风险，不利于房地产基金投资资金的安全。

## 八、债权债务

【案情简介】

2010年10月，河南A地产集团公司（以下简称A公司）的全资子公司安阳B房地产公司（以下简称B公司）拟融资4 000万元，主要用于支付安阳住宅项目的开发建设。

根据尽职调查结果，B公司支付安阳住宅项目的土地出让金来源于民间集资。

【分析意见】

民间集资蕴含巨大的风险，假如B公司后续融资资金未落实，安阳住宅项目将无法正常开发建设，再加上A公司整个集团资金周转不灵，经营困难的局面短期内难以缓解，投资资金的安全也就无从保障。

【案情简介】

2010年10月，吴某出资人民币275万元，孙某出资人民币225万元，设立平顶山T房地产公司（以下简称T公司），拟开发湛河住宅项目。

2011年5月吴某和孙某向T公司投资3.5亿元用于支付湛河住宅项目的土地出让金。

尽职调查结果显示，上述3.5亿元在资产负债表中列入资本公积金科目，而吴某和孙某未依法办理增资手续。

【分析意见】

虽然T公司股东在财务报表中将该3.5亿元划分至所有者权益，但是，由于吴某和孙某未依法办理增资手续，其投资行为实质上属于股东借款。

T公司负债增加，将提高公司资产负债率，不仅影响T公司的融资能力，而且影响T公司的偿债能力，甚至可能造成T公司的破产。

深一步讲，在房地产基金通过清算方式退出T公司时，根据公司法第一百八十七条第二款的规定："公司财产在分别支付清算费用、职工的工资、社会保险费用和法定补偿金，缴纳所欠税款，清偿公司债务后的剩余财产，有限责任公司按照股东的出资比例分配，股份有限公司按照股东持有的股份比例分配"，3.5 亿元在清偿顺序上排在房地产基金的股东权益之前。

鉴于此，我们认为投资前可要求 T 公司完成对吴某和孙某参与投资购买湛河住宅项目地块的投入款的转增注册资本和资本公积的法定手续。完成后注册资本增加至 1 亿元，其余购买土地出让金的款项转为资本公积。

## 九、担保事项

**【案情简介】**

2010 年 6 月，宁夏 A 房地产公司（以下简称 A 公司）申请融资 1 亿元用于支付银川住宅项目的建设资金。

通过尽职调查，A 公司的担保情况如下：

2010 年 3 月，A 公司为 B 建材公司向农商行担保商业承兑汇票 4 000 万元；2010 年 4 月，A 公司为 C 建筑公司向商业银行担保流动资金贷款 3 000万元；2010 年 5 月 A 公司为 D 房地产公司向农商行担保商业承兑汇票 8 000 万元。

另查，2009 年，A 公司向农商行借款 4 000 万元，上述 B 公司、C 公司提供担保。

**【分析意见】**

本案中，A 公司与其他公司互保，属于担保法中的保证范畴。该担保方式解决了银行贷款时缺乏抵押物的难题，但对公司的资金运作提出更高要求。

根据《中华人民共和国担保法》第十七条、第十八条、第十九条的规定："当事人在保证合同中约定，债务人不能履行债务时，由保证人承担保证责任的，为一般保证。""当事人在保证合同中约定保证人与债务人对债务承担连带责任的，为连带责任保证。连带责任保证的债务人在主合同规定的债务履行期届满没有履行债务的，债权人可以要求债务人履行债务，也可以要求保证人在其保证范围内承担保证责任。”“当事人对保证方式没有约定或者约定不明确的，按照连带责任保证承担保证责任。”本案中，A 公司与 B 公司、C 公司形成担保链条，若 B 公司或 C 公司发生资金链断裂，不仅失去为 A 公司担保的能力，而且有可能殃及 A 公司对其债务承担连带赔偿责任，增加 A 公司的债务负担，降低 A 公司的融资能力和偿债能力，影响房地产基金的股东权益。

## 十、重大诉讼、仲裁、行政处罚

**【案情简介】**

2011 年，浙江 N 房地产公司（以下简称 N 公司）拟融资 15 000 万元用于支付杭州住宅项目的土地出让金。

通过尽职调查，N 公司的已发生或正在进行的重大诉讼、仲裁、行政处罚情况如下：①根据 N 公司的陈述，公司没有重大诉讼、仲裁。②受到过税务机关的行政处罚，全部为税款延期缴纳产生的滞纳金和罚款，共计 900 万元，但是没有出具处罚通知及相关文件。③N 公司受过国土资源局的行政处罚。

**【分析意见】**

由于没有全国性的诉讼和仲裁查询系统，目前对融资方的诉讼、仲裁情况的尽职调查主要通过向当地法院、仲裁机构进行核查和互联网搜索。本案中，对 N 公司的重大诉讼、仲裁，仅凭公司自身陈述，无法判断其真实性，因此，N 公司存在承担重大法律责任的可能性，不利于房地产基金投资。

根据《中华人民共和国行政处罚法》第八条的规定：“行政处罚的种类：（一）警告；（二）罚款；（三）没收违法所得、没收非法财物；（四）责令停产停业；（五）暂扣或者吊销许可证、暂扣或者吊销执照；（六）行政拘留；（七）法律、行政法规规定的其他行政处罚。”行政处罚可能增加融资方的负债，可能让融资方失去业务资质，甚至可能使融资方丧失行为能力。实践中，行政处罚情况在融资方不主动告知的情况下，难以发现，将对房地产基金投资造成重大不利影响。目前，我们认为可以通过查看公司营业外支出的明细账进行分辨。

综上，以上案例中揭示的风险基本上都对相应的房地产项目投资产生了重大的甚至是根本性的影响。实践中，法律尽职调查中的问题更具多样化，时刻考验着律师识别法律风险、控制法律风险的能力。

# 第三篇　房地产基金的投资模式

# 第六章　房地产基金投资的“股+债”模式

房地产基金自2010年蓬勃发展以来，历时近四年，投资模式呈现多样化的发展趋势。根据清科私募通2013年4月发布的2012年中国私募房地产投资基金投资方式比例分布图，过桥投资占比2.7%，可转债占比13.5%，股权占比16.2%，股权与债权结合占比67.6%，可以看出股权与债权结合方式占比达到2/3。本书无意论证哪一种投资方式是目前房地产基金选择的主流，仅就股权与债权结合（以下简称“股+债”）的历史背景、合理存在、操作实务、监管现状等阐述自己的看法。

## 一、“股+债”投资模式的发展动因

### （一）房地产企业对间接融资具有依赖性

众所周知，房地产行业属于资金密集型产业，资金需求量大。在我国，房地产企业的融资渠道主要有银行贷款、股票融资、债券融资、信托融资等。其中，银行贷款是房地产企业融资的最主要方式。根据国家统计局发布的2012年我国房地产开发企业资金来源分布情况，国内贷款占比15.3%，个人按揭贷款占比10.9%，定金及预收款占比27.5%，上述三项合计53.7%，银行资金占据了房地产企业资金来源总量的半壁江山，可见房地产企业对于银行资金的依赖。这主要由以下两方面原因造成：一是我国的金融体制不完善，银行占据主导地位，二是中国特色的房地产开发制度，包括房地产开发贷、按揭贷款、预售制度等，使得房地产企业可以用少量的自有资金撬动房地产项目，并进行滚动开发。

### （二）房地产调控组合拳导致房地产企业资金链紧张

2010年密集出台的房地产调控政策，使得房地产企业的上述常规融资渠道受限。1月国务院出台了《关于促进房地产市场平稳健康发展的通知》（“国十一条”），实行差别化信贷政策；4月出台了《关于坚决遏制部分城市房价过快上涨的通知》（“新国十条”），实行限购政策，并规定“对存在土地闲置及炒地行为的房地产开发企业，商业银行不得发放新开发项目贷款，证监部门暂停批准其上市、再融资和重大资产重组”。中国人民银行也在1年内连续6次上调人民币存款准备金率，两次加息。中国信托业协会2月出台了《关于加强信托公司房地产信托业务监管有关问题的通知》，规定信托公司发放贷款的房地产开发项目必须满足“四证”齐全、开发商或其控股股东应具备二级资质、项目资本金比例达到国家最低要求等条件。

严厉调控之下，境内上市、再融资、重大资产重组基本停滞，银行银根紧缩，贷款额度大幅减少，信托融资收紧，加上债券融资门槛太高，房地产企业要想防止资金链断裂，防止被淘汰的命运，必须寻求多元化的融资渠道。假如将房地产企业的资金需求看成一个巨大的蓄水池，当其他输出管道的水流受限变小或者被关闭的时候，通畅管道的水流必然加大，这就是房地产基金。从上述2012我国房地产开发企业资金来源分布情况来看，以银行资金为主的局面尚未得到改变，但房地产基金在投资条件上，没有“四证”齐全的要求，在房地产企业前期拿地阶段等银行或房地产信托不能进入的时点开展错位竞争，顺势发展壮大。

### （三）纯股权投资目前尚不能被普遍采用

从历史背景我们得知，银行和房地产信托贷款等纯债权投资目前不能满足房地产企业，尤其是中小房地产企业的资金需求。既然不能完全依靠债权投资，是否可以采用纯股权投资呢?

在我国现阶段，纯股权投资还不能被普遍采用。原因主要有三个方面：

**1. 投资人结构不合理**

股权投资属于权益性投资，投资收益与风险成正比，投资人看重企业的成长预期。目前中国的投资人大多为高净值人群，在衡量风险和收益时，更多考虑的是资金安全，因此在资产配置上以低风险金融产品为主。而抗风险能力较强的机构投资人匮乏，不同于国外的社保基金、养老基金等在私募股权投资市场上的活跃表现，中国对该类机构投资人能否作为直接风险承担者进行了严格的限制。

**2. 管理人管理水平有限**

房地产基金通过股权转让或增资成为房地产企业的股东后，由管理人代表基金行使股东权利，参与房地产企业的经营管理。但既懂房地产开发经营，又懂房地产基金运营的管理人才缺乏，为房地产企业提供增值服务的能力有限，无法获得房地产企业股东的信任。因此管理人只能在房地产基金募集环节发力，在投资、管理、退出等环节的表现相对薄弱。

**3. 房地产企业股东不愿利益共享**

现阶段房地产企业股东一般仅将房地产基金看作银行或者房地产信托的替代角色而进行短期的资金拆借，短则几个月，长也不过两年。在他们看来，这通常只是一种纯债权类的融资手段，内心并没有与房地产基金进行深度合作的意向，更不愿分享高额的房地产项目收益。

为了满足各方的诉求，房地产基金进行创新，“股＋债”投资应运而生。首先平衡投资人的收益和风险。股权投资部分并不是看重房地产企业的未来成长，房地产基金虽然是股东，却不以分取红利为目的，而债权部分的加入更有助于保障投资人的收益和资金的安全性；基于投资人的风险承受能力，房地产基金的投资期限都不长，满足了投资人快进快出的投资要求。其次管理人主要负责建立投资管道，不要求具备专业的企业运营经验。最后房地产基金成为房地产企业股东后对原股东的股权形成稀释甚至完全受让，但并不实质影响原股东收益。

当然，这并不表示“股＋债”之外的投资方式就不符合当下市场的需求。“存在即合理”，例如，房地产基金纯债权投资，采用委托银行贷款或信托贷款方式，在抵押物充足的情况下，交易成功率高，借助房地产严厉调控下的市场窗口获取收益。再如，房地产基金纯股权投资，在房地产企业股东愿意牺牲部分收益的情况下，依靠专业的管理经验，大幅提高回报潜能，从而获取高额的浮动收益。

## 二、“股＋债”投资模式的操作实务

### （一）股权和债权的比例分配

房地产基金在确定股权和债权的投资比例时，主要考虑总投资额度、房地产企业注册资本金、投资风险等因素，一般选择控股一个或几个企业，剩余部分以债权形式投资。当企业注册资本金过大或者存在较大投资风险时，可根据实际情况调整股权投资额度。

### （二）“股＋债”之股权投资

正如前文所讲，房地产企业股东若非迫于资金压力，不会选择稀释甚至放弃股权，因此在谈判地位上，房地产企业股东往往处于劣势，同时他们也知道大多数房地产基金不承担经营风险，其投资目的也不是共同分享企业利润，因此对于房地产基金的投资方案、投后管理和投资退出设计基本都能够接受。

投资方案方面，不管是通过股权转让还是增资，房地产基金一般都是做大股权，如51%以上，当然67%以上更好，这要看双方的博弈能力。如果房地产基金在股权比例上不能做大股权，通常也会在表决机制上作出保护性安排。这是目前房地产基金股权投资的一个特点。

投后管理方面，房地产基金不是运营，而是监管。比如，投资期间房地产企业原股东的股权状态维持不变；投资期间房地产企业不分取红利；房地产基金不干涉也不参与房地产企业的经营活动；向房地产企业委派董事，并对特别事项拥有一票否决权；房地产企业定期将财务报表、工程进度、资金使用情况、销售回款情况、公司治理结构变更等事项向房地产基金进行汇报等。

投资退出方面，房地产基金与房地产企业原股东约定股权溢价回购条款，以溢价款覆盖所有的投资收益，这也是“股＋债”投资模式能否获利退出的核心。有的房地产基金将股权回购设定为房地产企业原股东或其他回购主体的义务，这时房地产基金的收益就是确定的，其依托在股权上的“本金”的安全性得到保障。但是，在发生法律纠纷时，该种情形有可能被认定为“名为投资，实为借贷”，从而影响房地产基金的投资权益；有的房地产基金将股权回购设定为房地产企业原股东或其他回购主体的权利，这时房地产基金的收益就是不确定的，存在亏损的风险，所以该种情形具备股权投资的属性。

下面举例说明将股权回购设定为义务和权利的区别。

**【案情简介】**

某房地产基金（以下简称A基金）向某房地产企业（以下简称F公司）投资人民币4 000万元，年化收益率42%。其中，人民币1 000万元，A基金以增资方式投入F公司，持有F公司25%的股权；另外人民币3 000万元，A基金以股东借款方式向F公司投入。

为了保障上述投资款的安全性，A基金与F公司约定了如下担保措施：①F公司将编号为01，02的两块国有土地和已建成还未售出部分的房产抵押予A基金；②某地产公司及其股东提供连带责任担保；③在A基金持股期满3个月后的第一个营业日，F公司原股东向A基金指定账户支付回购股权定金840万元。

在A基金向F公司投资时，双方同时签署协议约定：“投资期满，F公司原股东保证对A基金持有的25%的股权进行平价回购，同时，F公司向A基金支付借款本金计人民币3 000万元。债权债务清偿完毕，A基金解除所有土地抵押和房产质押”。

**【分析意见】**

投融资双方在相关投资协议中为“投资款和收益”的安全设定了定金、抵押担保和连带保证担保，并将房地产企业原股东的回购股权行为设定为一项合同义务，这种设计虽煞费苦心地规避了投资风险，但是，使股权投资名存实亡，整个投资可能会被认定为一种变相的借贷，从而影响投资效力。

【案情简介】

某房地产企业（以下简称D公司）原股东享有特别权，即按照约定的条件购买某房地产基金（以下简称B基金）所持有的D公司的股权的权利，B基金有义务按照约定的条件转让股权。D公司原股东行使特别权的条件如下：①向B基金提出受让股权申请，但申请必须系书面方式；②将合计不低于【股权转让款+实际投资总额×M%】的股权购买价款一次性汇入B基金指定账户；③D公司原股东与B基金之间不存在未清偿债权债务关系和其他纠纷。

D公司原股东行权同时满足如上三个条件，视为行权方已受让取得B基金所持有的D公司股权，同时，也视为D公司原股东认同与B基金之间相互不承担任何约定或法定的责任。

【分析意见】

投融资双方在相关投资协议中将股权回购设定为房地产企业原股东的权利，房地产基金有义务按照合同约定配合股权转让，这种设计使股权投资要承担房地产企业原股东股权回购不确定性风险，符合股权投资的要义。

（三）"股+债"之债权投资

房地产基金成为房地产企业股东以后，向房地产企业直接或间接提供股东借款。

其中，股东直接借款即企业间借贷是否有效一直备受争议，其根本原因不在于法律层面，而在于操作层面。从法理上讲，借贷属于私法范畴，只要双方意思表示真实，就不应禁止。我国民法、合同法中也没有对借款合同主体作出限制规定。1999年最高院出台司法解释已经认定公民与非金融企业之间的借贷属于民间借贷。从监管动向上看，早在2001年最高院曾征求意见并建议放开企业间借贷，理由有三点：一是企业间借贷普遍存在；二是《合同法》没有明确禁止；三是既然民间借贷已经放开，再禁止企业间借贷，对企业"不公平"。2003年中国人民银行在《贷款通则》的征求意见稿中删除了"企业之间不得违反国家规定办理借贷或者变相借贷融资业务"的规定。

从最高院和央行的意见可以看出，企业间借贷不存在法律障碍，上述建议之所以没有被采纳，主要是存在操作障碍，即无法分辨企业间借贷的资金来源到底是信贷资金还是自有资金，其更深层次的原因是我国实行以银行为主的监管体制，企业的大量资金来源于银行，如果放开企业间借贷，势必冲击这种金融秩序。因此，企业间借贷效力的认定是与客观环境相适应的。当下社会主义市场经济快速发展，中共中央十八届三中全会通过《关于全面深化改革若干重大问题的决定》并提出“市场在资源配置中起决定性作用”的重大理论观点，计划经济下形成的传统金融体制必然被打破。目前放开企业间借贷的突破口在于分辨资金来源，如果能够确认企业间借贷的标的是自有资金，将由市场决定它的流向。司法实践中，浙江省高院 2010 年就提出《关于为中小企业创业创新发展提供司法保障的指导意见》，规定“依法审理涉中小企业民间借贷纠纷案件，通过审判职能的发挥，规范民间金融市场；企业之间自有资金的临时调剂行为，可不作无效借款合同处理”。

2015 年 8 月 6 日，最高人民法院发布《最高人民法院关于审理民间借贷案件适用法律若干问题的规定》（法释〔2015〕18 号），第一条明确规定：本规定所称的民间借贷，是指自然人、法人、其他组织之间及其相互之间进行资金融通的行为。由此，企业间借贷正式纳入民间借贷的范畴，并在司法层面上对企业间为了生产经营需要的资金拆借行为进行保护。实践中，为了避免股东直接借款被认定无效的法律风险，房地产基金间接向房地产企业提供借款，即寻找通道或走银行委托贷款，或走信托通道代为发放贷款，或借予实际控制人后由其转借。其中，银行委托贷款也是央行对无法放开企业间贷款的无奈之举，对于房地产基金来说，借用银行等金融机构资质发放贷款，合法合规，又能够在法律允许的范围内消化部分投资收益，但要额外支付部分费用，且耗费时间较长。通过实际控制人转借方式属于民间借贷，如上文所讲，不存在法律障碍，而且不必支付中间方成本，操作简单，担保措施要求相对宽松，这也是目前房地产基金债权投资中最常采用的方式。但是，2015 年 1 月 16 日，银监会颁布《商业银行委托贷款管理办法（征求意见稿）》，该征求意见稿第11条规定，商业银行禁止接受筹集的他人资金发放委托贷款。由此可见，该规定已将私募基金等产品排除在委托资金之外。虽然目前该规定仅在征求意见阶段，并没有法律效力，但是可以体现监管层的监管思路。一旦该规定正式实施，房地产基金通过委托贷款方式进行债券投资的方式将受到严重遏制。

### （四）选择性交易

为了保障房地产基金投资资金的安全，房地产企业在拥有可供出售商品房资源的前提下，向房地产基金提供选择性交易机会，根据房地产基金投资资金交割规模，向房地产基金释放等量房源。房地产基金作为商品房买受人与房地产企业就上述房源以约定价格签订商品房买卖合同，并根据《城市房地产管理法》第四十五条第二款“商品房预售人应当按照国家有关规定将预售合同报县级以上人民政府房产管理部门和土地管理部门登记备案”和《城市商品房预售管理办法》第十条“商品房预售，开发经营企业应当与承购人签订商品房预售合同。预售人应当在签约之日起30日内持商品房预售合同向县级以上人民政府房地产管理部门和土地管理部门办理登记备案手续”的规定报相关部门备案。由于一套商品房对应的买卖合同和备案单只能打印一份，修改或者撤销备案必须由买卖双方一起办理，从而防止房地产企业一房两卖，达到锁定上述房源的目的。当房地产基金和房地产企业约定的情形发生时，房地产基金为保资金安全有权执行购房交易；当约定的情形没有发生时，房地产基金必须放弃购房交易。

### （五）收益分配

在房地产基金募资设立阶段，基金管理公司往往向投资人承诺按月度或季度分配“利润”。为了实现“利润”的月度或季度分配，在“股+债”的组合投资中，房地产基金往往会签署一系列法律文件，主要包括股权转让协议（或增资协议）及借款协议，并视投资总额和借款额占投资总额比例的情况，签署履约保证金协议，可能还会有财务顾问服务协议等。从上述协议来看，房地产基金按月度或季度分配的所谓的“利润”，主要由以下方式产生：①借款返还款；②履约保证金；③银行委托贷款利息；

④财务顾问费。

然而，通过上述方式取得的款项，是否能够作为“利润”进行分配，从而实现房地产基金按月度或季度分配收益的目的？下面以有限合伙制房地产基金为例，进行说明：

第一，就借款返还款而言，其是房地产基金出借款项的返还。出借款项，一般来说是由合伙人出资构成的合伙企业财产，因此，从本质上来看，出借返还款是合伙人的出资，不是也不可能结转为合伙企业利润。既然借款返还款是合伙人的出资，那么其是否可以分配呢？《中华人民共和国合伙企业法》第二十条规定：“合伙人的出资、以合伙企业名义取得的收益和依法取得的其他财产，均为合伙企业的财产。”第二十一条规定：“合伙人在合伙企业清算前，不得请求分割合伙企业的财产，但是，本法另有规定的除外。”依据上述规定，除非合伙企业法有特殊规定，否则，合伙人的出资，在合伙企业清算前不得分配。而针对出借后被返还的合伙人出资，并未在合伙企业法中找到允许其分配的相关规定。

第二，就履约保证金而言，在有限合伙企业将其作为“利润”进行分配时，从财产属性上来看，履约保证金属于他人的财产，将履约保证金作为合伙企业的“利润”进行分配，既没有事实依据，也无法得到法律支持。

第三，就银行委托贷款利息而言，银行委托贷款本金是合伙企业财产，因此，银行委托贷款利息应当为合伙企业取得的收益，不过，对该收益在分配时点是否能够结转为合伙企业利润，从而进行分配，仍然存在疑问。

第四，就财务顾问费而言，存在着形式收费主体和实质收费主体不统一的问题，另外也存在着财务顾问费性质等问题。

从上述分析来看，有限合伙制房地产基金，通过上述方式按月度或季度取得款项，并将该款项分配给合伙人，貌似实现了其按月度或季度分配收益的目的，但是，这种模式设计，实际上存在着无法回避的法律障碍。同理，公司制房地产基金也存在着上述无法克服的障碍。

我国公司法未规定优先股发行制度，2013 年 11 月 30 日《国务院关于开展优先股试点的指导意见》也仅将试点范围限定在上市公司和非上市公众公司。因此，在房地产企业发行优先股之前，房地产基金目前还只能先通过债权投资部分解决投资收益的季付或月付问题，但此模式除以上所述障碍外，也导致托管行和税务部门对投资收益性质认定的纠结。

## 三、“股 + 债” 投资模式的监管现状

根据 2011 年 11 月 23 日国家发展改革委办公厅发布的《关于促进股权投资企业规范发展的通知》（发改办财金【2011】2864 号），股权投资企业的投资领域限于非公开交易的股权，闲置资金只能存放银行或用于购买国债等固定收益类投资产品。之后 2013 年 3 月 18 日，国家发展改革委办公厅发布了《关于进一步做好股权投资企业备案管理工作的通知》（发改办财金［2013］694 号），明确股权投资企业和股权投资管理企业参与发起或管理公募或私募证券投资基金、投资金融衍生品、发放贷款等属于违规行为。现阶段存在的发放委托贷款、信托贷款、股东借款、实际控制人借款等均涉嫌违反上述规定。

长期以来，我国针对私募股权基金的法律法规不健全，监管混乱，出台的规范文件效力层级较低，执行力度不够，但上述问题有望得以解决。根据 2013 年 6 月中央编办印发的《关于私募股权基金管理职责分工的通知》，对私募股权基金的监管权将划归至中国证监会，并且中国证监会目前正在研究起草私募基金管理法规，将与国家发展改革委建立共同促进私募股权基金持续健康发展的协调配合机制。为了贯彻落实《证券投资基金法》及《关于私募股权基金管理职责分工的通知》的要求，保持对私募股权基金监管的连续性，2014 年 1 月 17 日，中国证券投资基金业协会根据中国证监会的授权，制定了《私募投资基金管理人登记和基金备案办法（试行）》，对私募投资基金管理人登记、基金备案、从业人员管理、信息报送、自律管理等方面进行了规定。2014 年 8 月 21 日，证监会颁布《私

募投资基金监督管理暂行办法》（证监会令第 105 号），在部门规章层面对私募基金加强了监管。

目前债权投资作为房地产基金投资的有益补充而被广泛使用，“股 + 债”投资模式适应了当下房地产投融资市场的发展，作为多元化的融资渠道之一，将继续推动房地产基金的持续发展。

# 第七章　房地产基金投资中的“可转换投资”

2010年以来，为了适应中国PE市场环境的不断转变以及不同的投资人诉求，我国本土PE投资机构的募资模式及投资风格开始发生快速改变，逐渐形成了具有“中国特色”的PE发展路径。

本文主要以房地产基金为主体，探讨基金的结构化募投问题。

## 一、募资阶段的投资人结构化安排

根据投资人的风险偏好，房地产基金可以借鉴信托“结构化”设计，在募资阶段将LP分为固定收益投资人（优先）和基础投资人（劣后）两个级别。就单个投资项目而言，将基金的投资存续期设定为封闭期和开放期。现以一支存续期为三年的有限合伙制房地产基金为例分析，假定第一年为封闭期，第二年之后为开放期。

在封闭期内，既可约定固定收益投资人和基础投资人都可分取固定收益；也可约定仅固定收益投资人能分取固定收益；还可约定固定收益投资人和基础投资人暂时都不分取收益。

封闭期结束的时点，被投资公司（以下简称目标公司）实际控制人或管理层等主体（以下简称回购权利主体）有权按照约定行使回购权购买房地产基金入股目标公司的投资份额，房地产基金收到投资本金和剩余收益后，退出目标公司，完成基金层面的投资退出。

若目标公司回购权利主体放弃行使回购权或丧失回购权，表明房地产基金在过桥投资时点没有按约退出，房地产基金的投资形式转换为并购投资。对于基金的投资存续期而言，由封闭期转为开放期。在基金内部，固定收益投资人有权要求基础投资人回赎出资份额和/或剩余收益，基础投资人也有义务按协议约定收购固定收益投资人的出资份额。基础投资人需要在结构化基金设立时承诺在固定收益投资人要求回赎出资份额时，追加投资。

开放期后，基础投资人有权按照持有目标公司的股权比例分享收益和承担风险，通过系列交接，完成实质意义的并购。此阶段相当于基础投资人通过设立基金并购目标公司。项目运营能力主要依赖基础投资人组成的经营团队，基金管理公司在这个经营团队中，起一个组织协调的作用。

房地产基金在投资决策时，基金管理人必须听取和尊重基础投资人对项目投资与否的意见，而固定收益投资人对项目的投资可以不发表意见。基础投资人的浮动收益正是在基金成为实质股东以后，通过公司的经营达到超额收益的。基础投资人实际上承担了投资项目的最终风险。

## 二、投资阶段的投资结构化安排

### （一）可转换投资（过桥投资＋并购投资）

谈可转换投资之前，先讲过桥投资。过桥投资的结构设计，目前在房地产投资界主要是债性投资，基金投资主要通过目标公司的回购权利主体在约定的融资期限到期时进行股权回购退出。然而，关于股权回购设定为权利还是义务，系过桥投资是否受法律保护的关键。我们认为，股权回购若被设定为义务，过桥投资有“名为投资、实为借贷”之嫌，因为这类过桥投资从制度设计上违反了投资风险承担和投资收益分享相挂钩的市场法则。也因此，过桥投资的这类制度设计存在被司法机关或仲裁机关认定无效的可能。股权回购若被设立为权利，过桥投资将被视为一种真正的投资，因为这样的投资可能因回购权利主体不行权，而使投资者投资本金的收回和投资收益的获取处于不确定中，符合风险和收益相挂钩的市场法则，从而将是一种有效的制度设计。谈到这，投资人都会想到一点，如果回购权利主体到期不行权，基金的投资退出怎么办，按照股权回购设定为权利的制度设计，这时，基金要成为真正“股东”了。没错，这就是可转换投资产生的现实需要和理论需要。可转换投资的架构设计就是考虑了过桥投资到期不按约定退出的情况，也正是过桥投资存在这样一种风险和机遇并存的时点，“可转换投资”才应运而生。可转换投资系笔者拟设的一个词语，不一定贴切。应当注意到，可转换时点的发生也是固定收益投资人有权要求出资份额和/或剩余收益退出，要求基础投资人回赎的时点，即房地产基金投资封闭期结束，开放期开始的时候。此时，基金要真正行使股东（过桥投资阶段，一般要求占较大比例股权）的权利。可转换投资的架构设计须充分考虑过桥投资与基金封闭期，并购投资与基金开放期的对应关系。

### （二）可转换投资的退出途径

可转换投资的退出途径也体现了结构化退出，固定收益投资人既可通过基础投资人受让出资份额和/或剩余收益退出，也可在并购阶段通过基金层面退出。在并购阶段，房地产基金主要通过项目出售、销售回款、项目清算、公司转让等方式退出。这些方式已经散见各类载体，在此不再赘述。

结构化募投的典型方式，见图7.1。

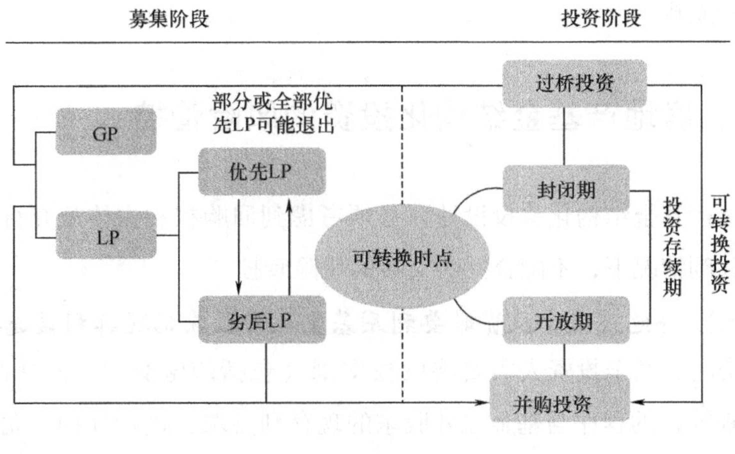


图7.1　募投结构化

## 三、房地产基金结构化募投的核心

房地产基金结构化募投的核心就是通过结构化的设计，在法律、政策允许范围内，对固定收益投资人和基础投资人形成给力担保。对固定收益投资人结构性担保体现在：一是基础投资人承诺赎回出资份额和/或剩余收益；二是并购阶段项目的超额收益。对于基础投资人而言，主要体现为低价并购的结构性保障。

对于房地产开发商实际控制人、原股东、管理层等主体而言，房地产基金结构化投资实质包含了对赌，对赌体现在房地产基金的投资时点，一般都是以一种较低的价格获得开发商较大比例的股权甚至控股权（强势的股权担保措施），若开发商开发的项目没有达到预计开发效果，主要体现在财务回报没有达到相关指标，开发商没有能力为回购权利主体的行权提供现金时，房地产结构化投资的对赌特点就显现了，过桥投资转换为并购投资。对开发商的实际控制人而言，意味着公司和项目被低价收购，对赌失败。

对赌条款在风险投资及私募股权投资中被大量和普遍性的使用，实际操作中，尤其是大型投资并购协议中，往往会与其他手段相结合而进行极为复杂的安排。

## 四、房地产基金结构化投资的风险管控

房地产基金结构化募投设计，必须考虑到回购权利主体放弃行权或丧失行权权利情况下，不配合并购交接的风险管控。

### （一）房地产基金投资时要利用基金之外股东的现存利益进行控制

投资时，基金投资人需要将股权交割（包括印鉴交割、控制权交割、财务交割等）的程序与基金之外股东的现存利益取舍进行挂钩。尤其要约定，需基金之外股东亲自配合（如亲笔签字）时，若基金之外股东不配

合，基金投资人有权代签代办；若基金之外股东不配合移交各类印鉴，基金投资人有权代表目标公司宣布作废并重新刻制；等等。并购时点发生后且处于原管理层代管期间，如果原管理层不能积极配合，甚至破坏和阻挠目标公司正常经营的，要明确约定基金投资人之外的股东需按破坏和阻挠目标公司正常经营的程度，按比例放弃和让渡自己的现存利益，或者约定基金投资人可从项目开发利润和其他可分款项中直接扣除。

### （二）领售权的设置

在一个合适的时点，房地产基金投资人有权要求原有股东和自己一起向第三方转让股权，原有股东须按房地产基金投资人与第三方谈好的价格和条件，根据双方在企业中的股权比例向第三方转让股权。

### （三）目标公司再融资问题

房地产开发商的再融资，包括在建工程抵押贷款、股东借款、民间借贷、后续股权融资等。目标公司再融资有可能对房地产基金投资人权益形成一种稀释，所以房地产基金投资人在投资时点也要注意设计适宜的反稀释条款。反稀释条款主要可以分成两类，一类是在股权结构和持股比例上防止被摊薄，另一类是在后续融资过程中防止股权价值被摊薄。再融资稀释在先投资人利益问题，核心是融资定价。房地产基金有时无法要求开发商禁止后续融资，但必须对开发商融资成本定价进行控制，防止投资被摊薄。

### （四）管理层和主要员工对房地产基金投资人的承诺条款

管理层和主要员工对房地产基金投资人的承诺条款主要包括签订一定期限的雇佣合同、保密协议、非竞争协议、股权锁定期协议等。通常，房地产基金投资人需要求关键岗位管理层或员工与目标公司签署一定期限的劳动合同，防止人员流动对公司经营管理造成影响，尤其要约定可转换投资时点前后的尽职尽责义务，权责范围要明确。过桥投资期间和之后的一段时间，实际控制人股东、主要管理层股东也需要保留目标公司的股权，以与基金投资人共进退。实际控制人股东、主要管理层不得自营或者为他人经营与目标公司相同或者类似的营业，以保证其专心致力于对目标公司的经营以及避免不当的利益输送。

### （五）知情权条款

房地产基金投资人通常需要目标公司及其经营管理层定期或不定期提供与公司有关的资料或信息，以保证其对公司信息的知情权。如获得经营管理记录、财务报表等，其中资产负债表、损益表和现金流量表要按月度、季度和年度呈报，而且年度报表必须经过注册会计师的审核。

### （六）过程控制

房地产基金投资人在投资时点需与目标公司沟通项目实施节点，注重工程建设进度安排、销售进度计划、资金使用计划安排等过程控制，必要时由目标公司做出，相关责任人签字盖章后作为投资附件，以利投后管理。

房地产基金结构化投资阶段的风险管控会根据项目特点、双方谈判、投后管理等方面因素，综合考量。具体问题具体分析具体设计，不能一概而论。

# 第八章　房地产基金投资的若干创新模式

## 一、直接并购房地产项目

现阶段，房地产基金一般采取纯债权或“股+债”的投资模式，投资期限较短，收益也相对稳定，即使房地产基金参股或控股房地产企业，一般也是为了降低投资风险，保障预期收益率的实现，投资主要以退出为目的。可以说，现阶段房地产基金的投资模式决定了其只能是间接从房地产企业取得房地产项目开发所产生的收益，而且最终收益率是有一定的范围限制的。

房地产基金当然希望能够直接获取房地产开发所带来的收益，同时，在市场较好的情况下，能够获得更可观的收益。可行的方式之一是房地产基金直接并购房地产企业。当然，如果房地产项目销售较好，房地产企业往往可以顺利实现资金的回笼，房地产基金并购的期望就会落空。但如果房地产企业所开发的项目销售不畅，而又希望尽快回笼资金，在资金成本压力和对外扩张动力的驱使下，实现未售项目的整体对外转让，是房地产企业可行的选项之一，这就为房地产基金直接并购房地产项目提供了可能，即房地产基金可以直接通过股权并购的方式控股房地产企业，进而可以直接获取房地产开发的运营管理收入（如图8.1所示）。

当然，房地产基金要实现稳定的投资收益，其直接并购房地产项目需要满足一定的条件。其一，并购完成后项目不再对外销售，而是对外出租，在拟并购项目的业态上，应是适合于出租的商业或保障房项目，这样在项目全部对外出租的情况下，其租金收入能保障拟并购项目在未来能够

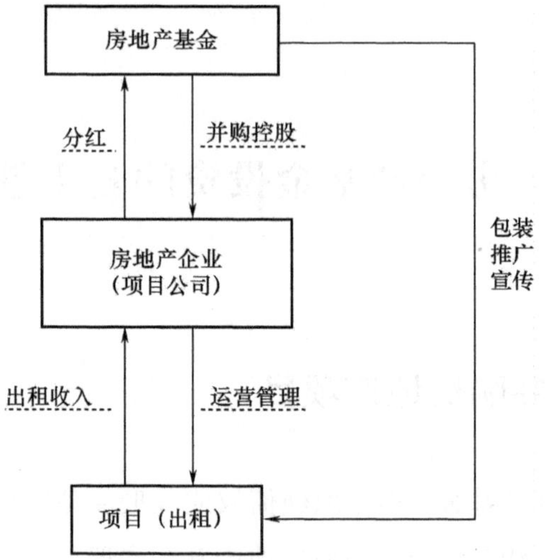


**图 8.1　房地产基金直接并购房地产项目**

实现稳定的现金流入；其二，房地产基金能够实现滚动投资，最原始的投资额只能作为原始沉淀资金，房地产基金的存续期限应尽可能长，或是在基金到期之前继续发起等额基金，房地产基金的投资者如果需要在基金存续期间退出，可以通过基金份额的转让实现，以保障投资资金的稳定；其三，在项目公司层面，要对投资者形成吸引力，需要对项目公司的收益分配方式作出明确的约定，如项目运营所产生的净收入，分红比例应至少达到 90%。

房地产基金直接并购房地产项目，可以直接获取项目运营较好时的超额收益，但也存在较大的投资风险。如果项目运营不能符合预期，运营收入无法保障投资者的投资收益，在市场环境不好的情况下，投资者的投资本金可能都无法收回，这样，项目风险实际上都需要由投资者直接承担，所以这种投资模式对投资者的抗风险能力要求相对较高。此外，项目的运营离不开专业的管理团队，所以，房地产基金也需要聘用专业的房地产运营管理团队，控制好股东和经理人之间常见的代理问题和风险，对项目进行有效运营管理。

## 二、杠杆式收购方案设计的创新

房产交易中，房产购买方的房产购买资金，主要来源于房产抵押融资。但是，购买方在申请房产抵押融资时，因价款未支付完毕，房产尚未办理过户登记，故资金提供方以购买方未取得房产所有权、无法办理抵押为由拒绝提供资金。在这种情况下，如何实现房产抵押融资，以筹集房产购买资金、完成房产交易？以购买方为房地产基金为例，房地产基金进行杠杆式收购可以参考如下方案。

### （一）方案一

如图 8.2 所示，由房地产基金向房产出售方支付部分房产价款，出售方办理房产过户登记，并与房地产基金、资金提供方共同办理房产抵押手续，使房产在过户至房地产基金时抵押给资金提供方。房产抵押后，资金提供方向房地产基金提供资金，房地产基金再以该资金向出售方支付剩余房产价款，完成房产交易。即支付部分房产价款→房产过户并抵押→获取融资资金并支付剩余房产价款。

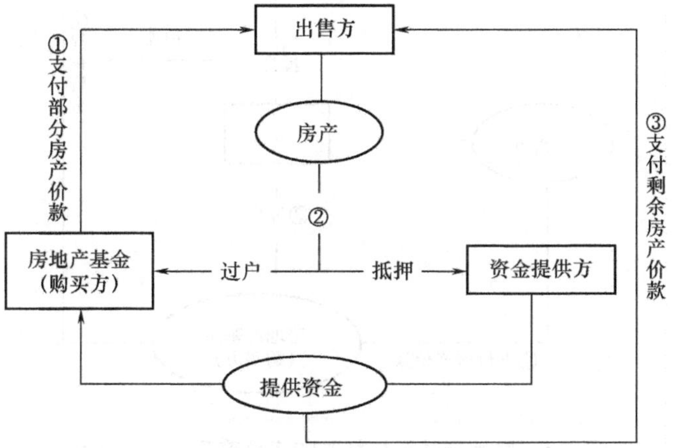


**图 8.2　房地产基金杠杆并购房地产项目交易流程**

为使出售方同意上述先过户再付款的房产交易流程，可以采取如下措施：

1. 设定违约金条款。由出售方与房地产基金在房产买卖合同中设定违约金条款，若房地产基金未按约定向出售方支付房产价款，则按约定向出售方支付违约金。

2. 引入第三方担保。由第三方向出售方提供担保，担保房地产基金支付房产价款。

3. 设置监管账户。由出售方、房地产基金与资金提供方共同设立监管账户，资金提供方将其向房地产基金提供的资金汇入监管账户，保证该资金用于支付房产价款。

### （二）方案二

如图8.3所示，房地产基金从资金提供方处融资，出售方以房产为该笔融资提供抵押担保。房产抵押后，资金提供方向房地产基金提供资金，房地产基金以该资金和部分自有资金向出售方支付全部房产价款，出售方办理房产过户登记，从而完成房产交易。即融资（房产抵押担保）→支付房产价款→房产过户。

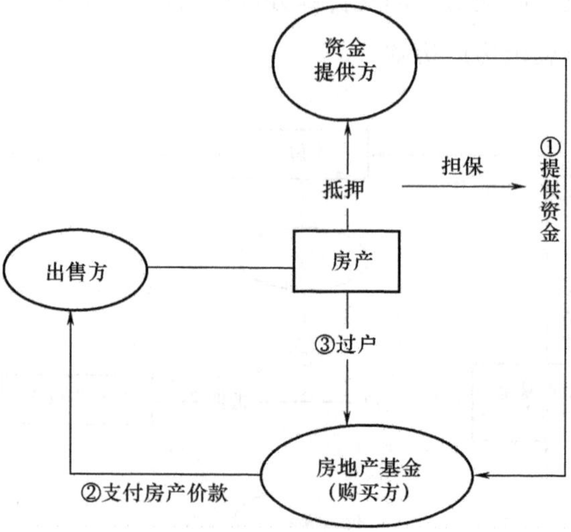


**图8.3 房地产基金杠杆并购房地产项目交易流程**

为了使出售方同意上述先抵押担保融资再进行房产交易的方式，防范融资后的房产交易失败风险，可以采取如下措施：

第一，设定合同生效条款与违约金条款。由出售方与房地产基金在房产买卖合同中设定合同生效条款，自出售方以房产为购买方融资提供抵押担保之日起，房产买卖合同生效。另外，设定违约金条款，若出售方未按约定办理房产过户登记，则按约定向购买方支付违约金。据此，防止抵押融资后出售方拒绝房产交易。

第二，设定抵押权消灭条款。由出售方与资金提供方在担保合同中设定抵押权消灭条款，资金提供方监督并保证房地产基金将融资资金专项用于支付房产价款，若融资资金未用来支付房产价款，资金提供方同意放弃抵押权。据此，防止房地产基金与资金提供方恶意串通、抵押融资后房地产基金拒绝房产交易。

第三，设置监管账户。由出售方、房地产基金与资金提供方共同设立监管账户，资金提供方将其向房地产基金提供的资金汇入监管账户，保证该资金用于支付房产价款。

## 三、商业地产项目投融资模式创新

商业地产开发商在品牌形象、商业运营管理方面具有独特的优势，但在实行对外扩张时，如果单纯依靠自身力量直接投资开发房地产项目，往往受资金实力、开发经验等方面的限制。日益激烈的市场竞争环境迫切需要商业地产开发商进行商业模式的创新。商业模式的创新可以从以下两方面着手：一是产业的上游，即创新融资模式；二是产业的下游，即创新项目开发运营模式。在融资模式方面，通过结构化募投的设计，可以引入房地产基金；在项目开发运营方面，可以与本地房地产开发商合作，实现共赢。

下面我们以某国有集团公司（以下简称 G 公司）利用房地产基金投资商业地产模式创新的例子，进行分析说明（如图 8.4 所示）。

一般情况下，G 公司运作房地产基金时，可以发起设立公司制基金，也可以发起设立有限合伙制基金，选择何种方式主要是考虑各种形式下的

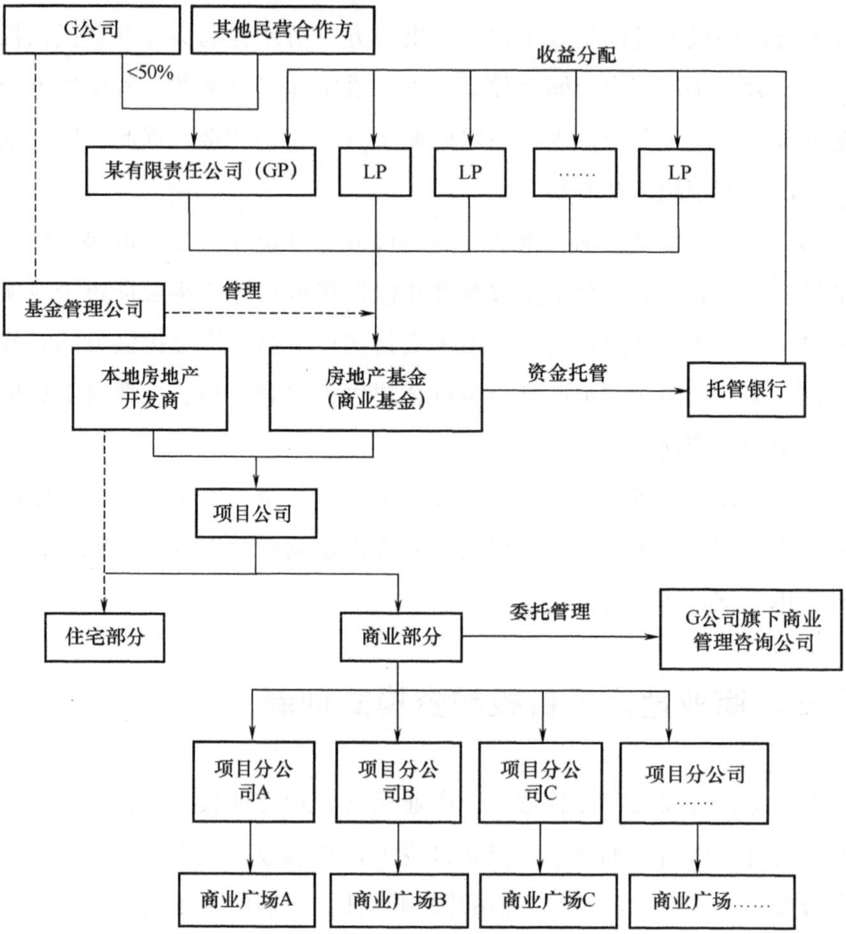


**图 8.4　私募基金投资商业地产模式**

设立和运营成本。在现有法律制度下，房地产基金大多选择有限合伙的形式。但是，2014 年 3 月 1 日施行的新《公司法》将公司注册资本由实收资本制改为认缴（认购）资本制，未来以公司形式发起设立基金可能成为优选之一，尤其是对于国有企业。本文仅是以发起设立有限合伙制房地产基金为例进行说明。当然，由于我国现行法律对国有企业担任普通合伙人有限制性规定，所以，在房地产基金的募集架构设计上，如果发起设立有限合伙制基金，G 公司只能通过“曲线”的方式成为房地产基金的投资方，并同时有效地管控基金。

为了使G公司成为合格的投资者，同时为房地产基金的募集发起起到增信作用，G公司可以与其他民营投资方（可以是法人，也可以是自然人）共同设立一个有限责任公司（其中G公司的持股比例必须小于50%），然后由新成立的有限责任公司担任房地产基金的普通合伙人，并与其他有限合伙人共同发起设立该房地产基金。

在房地产基金的募集设立层面，对G公司来说，要实现对房地产基金投资的绝对话语权，一般来说G公司应该是在GP中有绝对控股地位，否则就可能违背G公司采取上述投资模式的初衷。因此，为了实现对房地产基金投资的管控，G公司可以单独成立一家基金管理公司，该基金管理公司不作为房地产基金的GP，而是作为独家不可撤销的受托管理方，管理房地产基金。当然，如果G公司是非国有企业，就不会出现上述限制，上述投融资架构将比较简单，即G公司直接单独出资成立基金管理公司，然后由该基金管理公司作为普通合作人发起设立房地产基金。

图8.4的融资架构中，一方面，房地产基金由G公司设立的基金管理公司进行独家管理；另一方面，房地产基金募集的资金和基金投资收益的分配都委托相关的托管银行办理，从而完成房地产基金募集层面架构的设计。

在项目的投资开发层面，房地产基金可以与本地房地产开发商（下称“本地开发商”）进行合作。在合作中，G公司主要是为了借助房地产基金实现以有限的资本金开启商业地产的运作，而本地开发商一方面可以借助G公司在当地的实力和声誉等影响力，以较优惠的条件拿地开发建设；另一方面，这种合作方式如果得到其他投资人的认可，本地开发商也可能在资金募集上获得一定便利，如向其他房地产基金进行融资等。

在房地产基金与本地开发商达成合作意向的基础上，双方可以签订《合作协议》，约定“由本地开发商和房地产基金共同成立项目公司拿地，住宅和商业部分全部由本地开发商负责开发建设，同时，双方就项目规划中的商业部分设立专门的项目分公司进行独立核算；项目住宅部分的土地成本及所有开发建设成本全部由本地开发商承担，住宅部分未来的销售收入也全部归本地开发商所有；项目商业部分，在项目分公司层面，由本地开发商和房地产基金按约定的比例承担相应的投资成本（包括商业部分应分摊的土地成本），并按约定比例分享未来销售或经营收入”。

当然，在图 8.4 的投资架构中，项目公司是由本地开发商单独出资设立，还是由本地开发商与私募基金按比例出资设立，也是需要探讨的问题之一。

首先，如果项目公司由本地开发商单独出资设立，那么项目公司拿地时所有土地价款都是由项目公司或本地开发商承担，为了实现项目中商业部分共同合作目的，本地开发商在成立项目公司的同时，可以成立专门的商业运营分公司，实行商业部分开发的独立核算，由本地开发商与房地产基金在分公司层面进行权利义务的约定。

但是，设立子公司不大可行。因为通过招拍挂取得的房地产项目，住宅和商业往往只能整体开发，难以在拿地后再将商业部分的开发权单独转让给子公司。而且，退一步讲，即使该方案可行，由项目公司成立子公司，将商业部分资产整合到子公司，也涉及较大的税务成本和如何办理产权证的问题。不过要说明的是，根据最新的房地产政策，对特定的综合物业体项目，在完成项目的整体开发后，可以对项目中的住宅部分和商业部分分别办理土地使用权证。

对房地产基金来说，由本地开发商单独出资设立项目公司的开发方式风险比较大，房地产基金投资的款项（具体的投资可参见图 8.5）实际最终都由本地开发商控制，而基金自身并未参股项目公司。如果本地开发商发生违约，房地产基金只是基于合作协议享有一定的债权。此外，这种方式下房地产基金的投资款如何进入项目也是一个较大的问题，根据我国现行相关法律规定，企业之间的借贷是不受法律保护的，所以，如果采用这种合作方式，房地产基金只能通过将投资款借给项目公司的实际控制人再间接投资到项目公司。这样，一方面，房地产基金最终收益可能难以获得保障；另一方面，也难以实现 G 公司在未来实际运营商业广场的目的。

其次，如果项目公司由本地开发商和房地产基金按事先测算的投资比例成立，然后双方根据合作协议对项目的具体开发和收益进行约定（以本地开发商和房地产基金约定的比例65%和35%为例），具体的开发投资和收益分成比例可参考图8.5。这种合作方式对房地产基金来说比较有利。其一，由于项目资产都是在项目公司名下，而其中住宅部分的土地成本和开发成本实际上全部由本地开发商承担，商业部分的土地成本和开发成本才是由双方按比例分摊，所以，房地产基金相应的股权比例控制的实际权益往往更大，这种合作方式对房地产基金的投资可以形成一种有效的保障。其二，这种合作模式在房地产基金的进入和退出渠道上往往也更畅通，房地产基金作为项目公司的股东，可以对项目公司进行出资或增资，同时，如果商业项目开发完成，房地产基金也可以根据实际情况决定是继续投资还是退出。

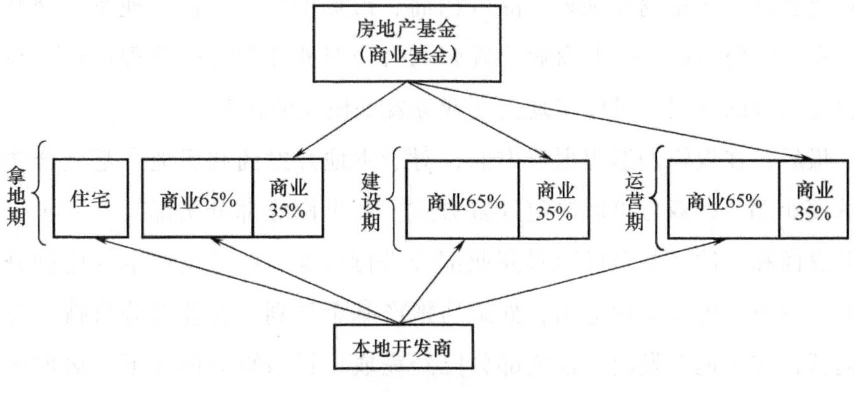


**图8.5　房地产基金和本地开发商合作开发商业投资模式**

当然，采用本地开发商和房地产基金按比例成立项目公司的合作方式需要注意以下问题。其一，本地开发商和房地产基金合作比例的确定可能比较困难，需要对项目开发成本和收益进行有效的测算，这直接影响各方的利益，所以尤其是要取得本地开发商的认同，否则，就丧失了合作的前提，这方面处理不好也容易对后续的合作产生影响。其二，由于住宅部分的开发销售实际上是由本地开发商自负盈亏，如果未来住宅部分销售遇到障碍，开发商无法收回投资本金，其投资风险就相应增加，但由于住宅部分也是在项目公司名下，所以，房地产基金作为项目公司股东可能也需要承担该风险。其三，商业部分未来运营的好坏可能也会影响本地开发商的合作意愿，如果未来商业部分经营较好，则本地开发商不一定会选择退出，但如果商业部分经营不好，甚至亏损，本地开发商可能会寻求将项目对外出售，这种不确定性会对房地产基金的运作方式产生一定的影响，当然，双方可以在最初的合作阶段即对本地开发商如何退出商业部分进行事先约定。

上述投融资模式中，住宅部分的开发建设和销售政策完全由本地开发商自主决定，房地产基金不予干预，但商业部分的商业规划方案必须由房地产基金认可后方可施工，商业部分开发完工后，后期的商业运营也全部由房地产基金委托的商业管理咨询公司负责，本地开发商不能干预。对G公司来说，为了实现公司的扩张和品牌的推广，需要将房地产基金对项目公司商业地产部分享有的权益委托其控制的商业管理咨询公司运营，进行专业化管理，包括商业规划、品牌招商、市场推广、运营管理及品牌维护等事宜。G公司通过旗下商业管理咨询公司对商业项目的管理运作，在宣传自身品牌的同时，可以实现公司业务发展模式的转变。

最后，在投资的退出渠道方面，对于本地开发商和房地产基金合作开发的商业部分，双方可以决定处置方式。如果商业部分全部对外销售，本地开发商和房地产基金可以对商业部分进行清算，然后按约定的比例分享收益，双方都可以实现退出；如果房地产基金计划将商业部分自持，并长期运营，在本地开发商对住宅部分已经完成项目清算的前提下，房地产基金或G公司控制的主体可以收购本地开发商持有的项目公司股权，实现全部退出。收购主体可以通过商业部分运营的租金收入回报其投资主体。

## 四、房地产基金的阳光化募投模式创新

目前市场上以公开方式募集的投资产品，主要有信托公司发行的信托计划、资产管理公司发行的资产管理计划，以及银行等金融机构销售的理财产品等。房地产基金当然不能直接公开募集资金，但是房地产基金在其投资人

中，可以引入上述投资主体，即具有相应资格的牌照公司，如信托公司、资产管理公司、投资公司等。当然，不管采用何种募资方式，投资者人数应限定在法定范围之内。房地产基金通过引入前述牌照公司，不仅可以最大限度地利用牌照公司通过公开方式募集资金，实现募资的阳光化，同时也可以使牌照公司对房地产基金的募资和投资起到一定的增信作用。

房地产基金实现阳光化募资的模式如图 8.6 所示。以有限合伙制房地产基金为例，牌照公司针对具体项目发起信托计划、资产管理计划或销售理财产品，牌照公司或其他投资人作为有限合伙人，基金管理公司作为普通合伙人发起设立房地产基金，最终投向融资方。

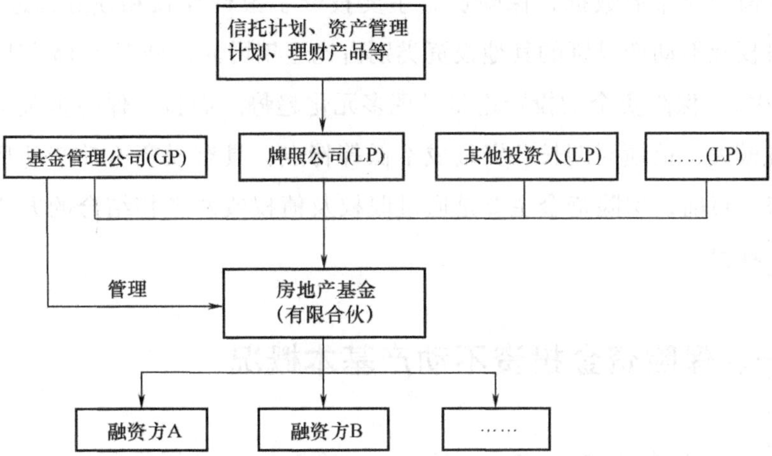


图 8.6　房地产基金的阳光化募资模式

# 第九章　保险资金投资不动产项目

近年来，我国保险行业处于飞速发展的阶段，保险资产规模不断扩大。截至2015年底，保险公司总资产已超过12万亿，保险资金运用总额共计111795.49亿元。保险资金的运用成为整个资本市场上的重要话题。根据保监会公布的数据，保险资金主要投资于银行存款和债券，近年来，包括股权及不动产投资的其他投资类别占比逐年增大，截至2015年底，已超过30%，保险资金的投资逐步呈现多元化趋势。而且，保险资金由于其资金规模大、负债周期长、资金成本低等特点，具有投资不动产项目的天然优势。目前，保险资金主要是通过股权及债权或两者相结合的方式投资不动产项目。

## 一、保险资金投资不动产基本概况

### （一）法律法规梳理

（1）《保险资金间接投资基础设施项目试点管理办法》于2006年3月24日颁布，现已被2016年6月14日发布的《保险资金间接投资基础设施项目管理办法》所替代。《试点管理办法》创新性规定了投资计划的金融工具概念。投资计划是指委托人将其保险资金委托给受托人，由受托人按委托人意愿以自己的名义设立投资计划，投资基础设施项目，为受益人利益或者特定目的，进行管理或者处分的行为。保险资金通过投资计划投资基础设施必须建立资金托管制度和对投资计划的监督人制度，包括债权投资计划、股权投资计划及不动产投资计划。

（2）《保险资金投资不动产暂行办法》于2010年7月31日颁布，该办法规定了保险资金投资不动产的范围及方式，将保险资金投资的不动产划分为基础设施类不动产、非基础设施类不动产及不动产相关金融产品。另外明确规定，保险资金可以通过股权、债权及物权三种方式投资不动产。与该办法共同颁布的还有《保险资金投资股权暂行办法》，针对保险资金直接或间接投资股权进行了具体规定。因此，如果保险资金拟通过股权方式投资不动产，应同时符合上述两个法规的要求。

（3）《关于保险资金投资股权和不动产有关问题的通知》于2012年7月16日颁布，该通知主要调整了保险资金投资股权及不动产的各项监管指标。另外，2014年1月23日颁布的《中国保监会关于加强和改进保险资金运用比例监管的通知》，将保险公司投资资产（不含独立账户资产）划分为流动性资产、固定收益类资产、权益类资产、不动产类资产和其他金融资产共五大类资产，并进一步调整了保险资金投资各类资产的监管指标。

（4）《基础设施债权投资计划管理暂行规定》（后文简写为《暂行规定》）于2012年10月12日颁布。《暂行规定》进一步明确债权投资计划的概念，是指保险资产管理公司等专业管理机构作为受托人，根据《保险资金间接投资基础设施项目管理办法》和《暂行规定》，面向委托人发行受益凭证，募集资金以债权方式投资基础设施项目，按照约定支付预期收益并兑付本金的金融产品。

（5）《关于保险资金投资有关金融产品的通知》于2012年10月12日颁布，进一步明确保险资金可以投资境内依法发行的保险资产管理公司基础设施投资计划、不动产投资计划和项目资产支持计划等金融产品。

### （二）保险资金投资不动产的具体要求

#### 1. 不动产类型的要求

根据《保险资金投资不动产暂行办法》第十三条的规定，保险资金采用债权、股权或者物权方式投资的不动产，仅限于商业不动产、办公不动产，与保险业务相关的养老、医疗、汽车服务等不动产及自用性不动产。另外，在《关于保险资金投资股权和不动产有关问题的通知》中规定，保险资金可以间接方式投资公共租赁住房和廉租住房项目。

**2. 不动产项目的具体要求**

根据《保险资金投资不动产暂行办法》第十一条的规定，保险资金投资的不动产项目需要符合如下条件：

（1）已经取得国有土地使用权证和建设用地规划许可证的项目；

（2）已经取得国有土地使用权证、建设用地规划许可证、建设工程规划许可证、施工许可证的在建项目；

（3）取得国有土地使用权证、建设用地规划许可证、建设工程规划许可证、施工许可证及预售许可证或者销售许可证的可转让项目；

（4）取得产权证或者他项权证的项目；

（5）符合条件的政府土地储备项目。

另外，保险资金投资的不动产，应当产权清晰，无权属争议，相应权证齐全合法有效；地处直辖市、省会城市或者计划单列市等具有明显区位优势的城市；管理权属相对集中，能够满足保险资产配置和风险控制要求。

## 二、保险资金通过投资私募股权基金间接投资不动产

根据《保险资金投资不动产管理暂行办法》的规定，保险资金可以投资不动产相关金融产品。不动产相关金融产品属于权益类的，应当建立相应的投资权益保护机制。由此可见，保险资金可以通过投资私募股权基金的形式，间接投资不动产项目。该类项目的基本架构是保险资金投资于私募股权基金，由该私募股权基金直接投资不动产项目企业的股权，实现保险资金对不动产项目的投资。本部分主要通过我们参与的一个项目案例对该种投资方式进行介绍。

### （一）交易概述

该项目的基本结构是：某人寿保险公司投资某城市发展基金，该城市发展基金直接投资某港口项目公司股权，用于该港口项目的建设。具体交

易结构图如图 9.1 所示。

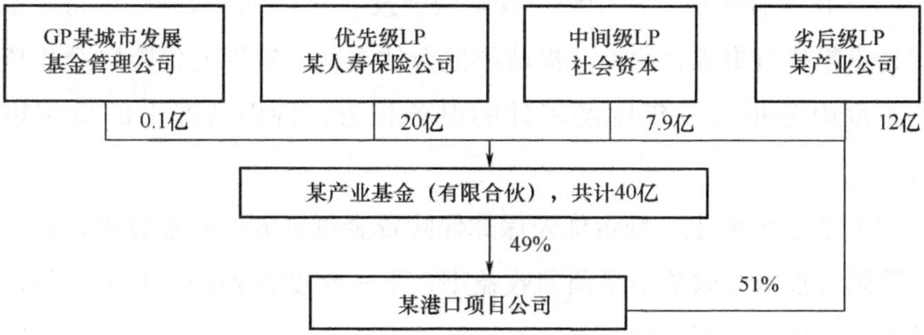


**图 9.1**

此项目的交易模式如下：

（1）某城市发展基金管理公司发起设立一只规模 40 亿元人民币的有限合伙制私募股权基金（某产业基金），并担任普通合伙人。某产业基金存续期限为 12 年，投资期 10 年，退出期 2 年。

（2）某人寿保险公司出资 20 亿元人民币，认购该产业基金的全部优先级合伙份额；基金管理人募集社会资本共计 7.9 亿元人民币，作为中间级有限合伙人；某产业公司出资 12 亿元人民币，作为该产业基金的劣后级有限合伙人。

（3）该产业基金以 30 亿元认购港口项目公司股权，取得项目公司 49% 的股权，该港口项目公司其余部分股权由某产业公司认购。

（4）该产业基金以股东借款的方式，将剩余 10 亿元基金资产借给港口项目公司使用，约定按照一定的利率还本付息。

### （二）针对保险资金投资的特殊保护性权利

基于保险资金运用安全性、收益性、流动性的原则要求，本项目针对保险资金投资方设置了如下特别保护措施：

（1）在有限合伙制基金内部进行结构化设计，由保险资金担任优先级有限合伙人，其收益优先于中间级有限合伙人和劣后级有限合伙人享有。

（2）在《合伙协议》中明确设置投资咨询委员会，由保险资金投资方委派多数投资咨询委员会委员。并约定，执行事务合伙人进行合伙事务管理，需要征求及充分尊重投资咨询委员会的意见。

（3）在《合伙协议》中约定保险资金投资方的特殊权利，如特定情况下提请更换执行事务合伙人、提请解散合伙企业；定期向保险资金投资方提交季度财务报告及年度经审计的财务报告；特别情况下的特别审计权等。

（4）收益分配上，约定优先保障保险资金投资方的收益分配，如本年度保险资金投资方收益不足预期收益率，下一年度首先补足其上一年度预期收益，再依次进行分配。

（5）建立风险责任准备金制度，由执行事务合伙人将管理费用中的20%提存为风险责任准备金，进一步保证保险资金投资方收益的实现。

### （三）项目分析

该项目是保险资金通过股权及债权相结合方式投资不动产项目的典型案例，针对保险资金投资方设置的特殊保护性权利在一定程度上保证了保险资金投资的安全性。但是，在实践操作中，需要注意的是，保护性权利的设置不能突破项目投资主要为股权投资的实质，最终还是要基于股权投资享有的分红、转让及退出而获得收益。

另外，保险资金间接投资不动产或股权，均对管理保险资金的投资机构提出了具体的要求，因此，考察投资机构的管理能力也是该类项目的重点内容。

## 三、保险资金通过债权方式投资不动产

2011年中国太平洋保险（集团）股份有限公司旗下太平洋资产管理公司发起设立的“太平洋—上海公共租赁房项目债权投资计划”正式通过保监会的备案，该债权投资计划开创了保险资金以债权方式投资不动产的先河。此后，各大保险公司相继发布了债权计划投资不动产的产品，典型案例包括：“人保资本—湖南城陵矶港综合物流债权投资计划”、“太平洋—上海城投区改造债权计划”、“太平洋—南昌水利投债权投资计划”、“太平

洋—昆明土储滇西度假区项目债权投资计划”、“泰康—温州港城基础设施债权投资计划”、“泰康—绿地徐州商业不动产债权投资计划”、“新华—北辰实业不动产债权计划”等。

本部分以中国人寿保险股份有限公司发布的“国寿资产—天津城投债权投资计划”为例，分析保险资金认购债权计划投资不动产的模式及优势。

### （一）交易概述

2008年8月21日，中国人寿资产管理有限公司签署《国寿资产—天津城投债权投资计划受托合同》（以下简称“《受托合同》”），设立“国寿资产—天津城投债权投资计划”（以下简称“债权投资计划”）。《受托合同》的主要内容包括：

（1）拟募集人民币100亿元保险资金，以专项债权投资的方式投资于天津市中心城区快速路系统一期工程、国道112线高速公路天津东段工程和天津至汕尾公路天津段项目；

（2）投资期限为12年，年度投资计划管理费率为1.5‰；

（3）中国人寿保险（集团）公司和中国人寿保险股份有限公司作为基础委托人，有权补充认购剩余投资计划份额；

（4）债券投资计划在委托人划拨至托管账户的第一笔委托资金达到一定额度时，或划拨额度虽未达到规定的额度，但项目方（天津城市基础设施建设投资集团有限公司或其承继人）予以认可时成立；

（5）2008年9月5日，中国保险监督管理委员会签发保监资金〔2008〕1192号《关于国寿资产—天津城投债权投资计划的审核意见》，核准债权投资计划募集额度为人民币100亿元；

（6）2008年9月11日，本公司签署投资《关于国寿资产—天津城投债权投资计划投资计划份额认购确认书》，承诺认购投资计划份额人民币80亿元。

### （二）交易模式

保险债权投资计划的参与者包括受托人、托管人和独立监督人。其中，受托人由符合《保险资金间接投资基础设施项目管理办法》规定的保险资产管理公司、信托公司等专业管理机构（下称“专业管理机构”）担任，负责发起设立债权计划，以及进行项目投资和管理；托管人由商业银行担任，负责为保险债权投资计划资金提供资金存管和清算等托管服务；独立监督人也可由商业银行担任，主要负责监督受托人和项目方对项目的运营管理，包括项目进度和项目财务状况等；其中，同一项目的托管人和独立监督人不能为同一家银行。保险债权投资计划的交易结构如图 9.2 所示。

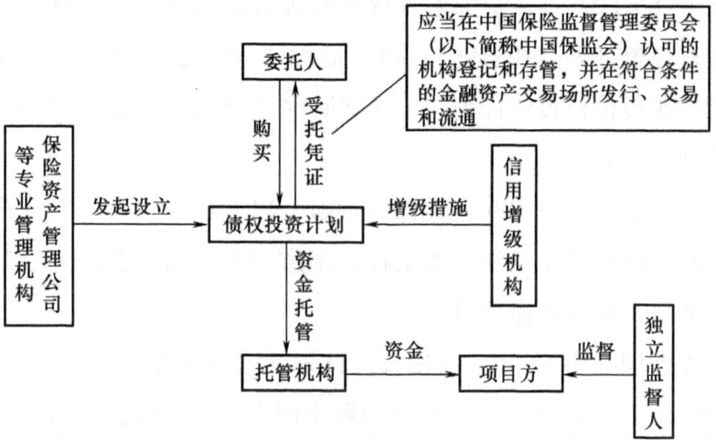


图 9.2

此交易结构法律分析如下：

（1）债权投资计划财产独立于专业管理机构的固有财产，专业管理机构因管理、运用或者处置债权投资计划财产取得的财产和收益，应当归入债权投资计划财产。

（2）债权投资计划受益权划分为等额受益凭证并由受益人持有。受益人大会由债权投资计划全体受益人组成，受益人大会可以对改变债权投资计划财产运用方式、更换专业管理机构或独立监督人、提前终止受托合同或者延长债权投资计划期限等事项作出表决。

（3）专业管理机构必须以资金安全为前提，选择偿债主体。偿债主体是指按照投资合同约定支付投资收益和偿还投资成本的法人主体，可以是项目方，也可以是项目方的母公司或者实际控制人。同时法律规定偿债主体必须具备持续经营能力和良好发展前景，具有稳定可靠的收入和现金流，财务状况良好，无违约等不良记录的要求。

因偿债主体的经营能力直接决定投资人投资收益的实现，因此在偿债主体并非是项目方，而有可能是其他方的情况下，偿债风险尤其值得关注。大部分项目都要求进行信用增级，例如“太平洋—大唐重庆渝能债权投资计划”，由中国大唐集团公司提供本息全额无条件不可撤销的连带责任保证担保；“新华—北辰实业不动产债权计划”，由北京银行股份有限公司提供本息全额无条件不可撤销的连带责任保证担保；“泰康—绿地徐州商业不动产债权投资计划”，不仅由绿地控股集团有限公司提供本息全额无条件不可撤销连带责任保证担保，同时以其部分物业为本投资计划还本付息提供抵押担保。

虽然《基础设施债权投资计划暂行规定》规定设定债权投资计划应当设定有效的信用增级，但也规定了免于信用增级的情况，这会导致部分债权投资计划缺少担保等债权保障措施，面临较大偿债风险。

（4）对于投资阶段，《基础设施债权投资计划管理暂行规定》要求专业管理机构已与偿债主体签订投资合同，产品基础资产明确；募集资金投资方向和投资策略符合国家宏观政策、产业政策、监管政策及相关规定。此规定要求通过债权计划投资的项目产品必须产权清晰，具有较高的经济价值和良好的社会影响，符合国家和地区发展规划及产业、土地、环保、节能等相关政策；债权投资计划的资金投向，应当严格遵守本规定和债权投资计划合同约定，不得用于合同约定之外的其他用途。

### （三）优势分析

（1）不动产债权投资计划融资规模较大，可以满足不动产大规模融资的需求。

（2）债权计划的投资期限较长，对于项目方来说可以提高资金供给的稳定性；对于保险基金来说，自结合保险资金的特点，有助于实现保险资金的资产负债匹配管理。

（3）利率定价灵活，可为高信用项目提供低成本融资，降低项目方财务费用。

（4）安全性高，从投资区域来看，目前保险债权计划所投向的项目，基本上都是国家级、直辖市、省会城市、计划单列市等行政级别较高的城市重大项目，同时大部分债权计划都经过信用增级，信息披露要求严格，信用风险相对较低。

综上，保险资金通过认购债权计划投资不动产，需要严格按照保监会的要求进行产品注册，保证债权计划的设立发行程序、所投不动产的范围、风险管理制度等完全符合现行法律法规的要求；同时，重点关注所投项目的偿债能力和信用增级情况，降低项目信用风险；最后要严格按照保监会的要求进行信息披露，保证债权计划合法合规运行。

# 第十章　房地产信托投资基金

## 一、房地产信托投资基金简介

房地产信托投资基金，即REITs（Real Estate Investment Trusts），是一种以发行收益凭证的方式汇集特定多数投资者的资金，由专门投资机构进行房地产投资经营管理，并将投资收益按比例分配给投资者的一种信托基金。REITs通过向中小投资者募集资金，为其提供可投资于利润丰厚的房地产行业的机会；同时专业化的管理人员将募集的资金用于房地产投资组合，分散了房地产投资风险；另外，投资人所拥有的受益凭证可以转让，具有较好的变现性。从本质上看，REITs属于资产证券化的一种方式。

REITs起源于美国，在亚洲的新加坡、中国香港等地发展也较为迅速。目前，世界上通行的两种REITs模式主要是公司型和契约型。美国REITs主要采用公司型，即REITs本身为公司，REITs持有人直接持有公司的股权，并享受分红收益。新加坡及中国香港地区的REITs主要采用契约型，即REITs本身为信托/基金实体，REITs持有人持有的是上市的信托凭证或基金份额。REITs一般投资于具有稳定现金流的基础物业，收益主要来源于租金收入和房产增值，而且大部分收益用于分红。在各种投资产品中，REITs属于中长期投资品种，收益率相对稳定，介于股和债之间。在美国，近年来REITs的收益率一般是13%左右；欧洲在欧债危机前一般稳定在8%左右；亚洲的新加坡、中国香港地区一般在7%以上。

目前我国的REITs立法处于空白阶段，但近几年我国房地产市场对于盘活资金具有强烈需求，出现了许多关于REITs的大胆尝试，主要是参照亚洲流行的契约型模式。

## 二、房地产信托投资基金在中国的发展

在我国，REITs 的萌芽阶段开始于 2001 年，《信托法》的出台推动了房地产信托行业的发展。在传统房地产信托关系中，主要是通过信托贷款的方式实现投资收益。不过随着房地产信托的发展，关于 REITs 的初步探讨在国内展开，2005 年深圳证券交易所开始对 REITs 产品进行研究与开发；同年，广州越秀投资在香港证券交易所发行越秀房地产信托基金，是我国第一只在境外上市的房地产信托投资基金。但是，从 2006 年开始，由于房地产行业关于外资准入政策的出台，封锁了“越秀模式”离岸操作的路径，万达、华润等相关产品计划搁浅，REITs 进入停滞状态。

2008 年开始，央行和银监会先后释放出发展 REITs 的信号，央行在其发布的《2007 年中国金融市场发展报告》中，明确表示要充分利用金融市场存在的创新空间，在未来一段时间内择机推出 REITs 产品；银监会召集五家信托公司共同起草《信托公司房地产投资信托业务管理办法（草案）》征求意见稿。随后，央行和银监会于 2009 年牵头成立试点协调小组，展开相关调研。2010 年，住建部等七部门联合发布《关于加快发展公共租赁住房的指导意见》，其中也提到了利用房地产信托投资基金的方式拓展公共租赁住房融资渠道。

2013 年开始，国务院下发《关于金融支持经济结构调整和转型升级的指导意见》，提出资产证券化业务是盘活存量的重要工具之一。2014 年，李克强总理提出信贷资产证券化要常规化，并且部分资产支持证券可以在交易所流通。随后，央行发布《中国银行业监督管理委员会关于进一步做好住房金融服务工作的通知》，明确积极稳妥地开展 REITs 试点。另外，2014 年证监会出台企业资产证券化新规——《证券公司及基金管理公司子公司资产证券化业务管理规定》，可证券化的基础资产包括信托受益权、基础设施收益权等财产权利，商业物业等不动产财产等。同年，企业资产证券化产品由审批制变为备案制，资产证券化产品发行效率大大提升。

2014年，国内首只以商业地产收益权为基础资产的企业资产证券化产品——“中信启航专项资产管理计划”正式获得证监会的批准，并在深圳证券交易所上市交易，由此开启了我国通过企业资产证券化模式发行REITs的先河。随后，多只准REITs产品先后登陆上海证券交易所及深圳证券交易所，迎来了我国REITs试水的小高潮。

虽然目前我国并没有真正意义上的房地产信托投资基金，不过通过“中信启航”，我国开启了通过私募基金嵌套资产证券化产品的准REITs产品模式。这些资产管理计划目前多以私募的形式运作，但是基于监管层关于正式出台REITs产品的政策导向，他们均在退出渠道中明确，未来REITs法律法规正式颁布后，将通过公开上市的形式完成退出。

目前，我国并没有关于REITs产品的专门法律法规，我国发行准REITs产品主要依据的法律是《信托法》和《证券投资基金法》；部门规章层面，主要是依据证监会发布的《证券公司及基金管理公司子公司资产证券化业务管理规定》，以及相关信息披露指引和尽职调查工作指引；在产品备案方面，中国证券投资基金业协会出台了《资产支持专项计划备案管理办法》、《资产证券化业务基础资产负面清单指引》和《资产证券化业务风险控制指引》；另外，由于资产支持证券产品要在交易所上市交易，上交所和深交所分别出台了《上海证券交易所资产证券化业务指引》以及《深圳证券交易所资产支持证券挂牌条件确认业务指引》。上述法律法规、部门规章及规范性文件共同构成了我国准REITs产品的法律法规体系。

## 三、准REITs的大胆尝试

### （一）中信启航专项资产管理计划

“中信启航专项资产管理计划”（下称“中信启航”）由中信证券发起设立，并于2014年5月21日正式在深圳证券交易所挂牌交易，发行规模52.1亿元。这是我国第一只准REITs产品，中信证券通过“中信启航”开启了通过资产管理计划嵌套私募基金形式进行房地产资产证券化的先河。

**1. 交易模式**

（1）中信证券设立“中信启航专项资产管理计划”，设置优先级和次级两个级别，投资人购买该专项计划，并成为受益凭证持有人。

（2）中信金石基金管理有限公司设立私募基金，并担任基金管理人，专项计划认购该私募基金的基金份额。

（3）私募基金收购标的资产——北京中信证券大厦、深圳中信证券大厦所属项目公司的全部股权，项目公司为中信证券为实现本次交易在天津设立的两家全资子公司——天津京证、天津深证，并提前将标的资产分别“装入”这两家全资子公司。

（4）通过上述操作，私募基金通过持有标的资产所属项目公司的股权，而间接持有标的资产；而专项计划的投资人则通过持有私募基金份额而间接享有标的资产的收益权。

“中信启航”交易结构图如图10.1所示。

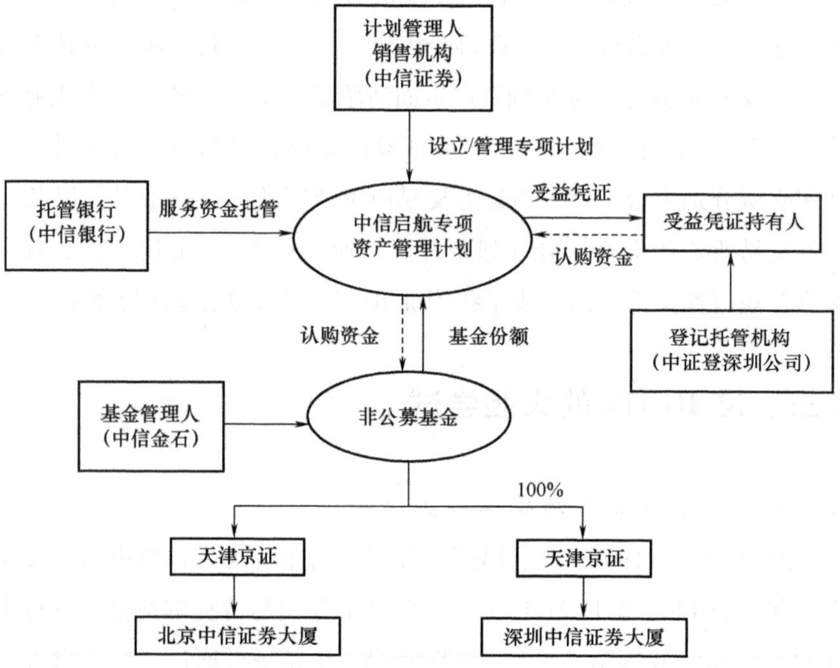


**图10.1**

**2. 主要交易文件**

（1）《资产管理合同》，由专项计划管理人与受益凭证持有人签订，包括《中信启航专项资产管理计划标准条款》和《中信启航专项资产管理计划受益凭证认购协议》两个文件。

（2）《专项计划托管协议》，由计划管理人与托管银行——中信银行天津分行签订，由该行向专项计划提供资金托管服务。

（3）《基金合同》，由计划管理人与基金管理人签订，约定双方在私募基金设立、投资、收益分配及清算中的权利与义务。

（4）《基金托管协议》，由基金管理人与托管银行——中信银行天津分行签订，由该行向私募基金提供资金托管服务。

（5）《股权转让协议》，由天津京证、天津深证分别与中信证券签订，将标的资产所属项目公司的股权转移至天津京证和天津深证。

**3. 增信措施**

（1）专项计划进行结构化设计，分为优先级和次级，中信证券认购10%的次级受益凭证，并承诺专项计划存续期间不转让该部分次级受益凭证。

（2）中信证券承诺在受益凭证认购不足的情况下，由其或其指定的投资人以自有资金认购差额部分，确保专项计划按照目标规模发售。

### （二）苏宁云创

“中信华夏苏宁云创资产支持证券”是中信证券在证监会颁布资产证券化新规后发行的一只准 REITs 产品，发行规模 43. 95 亿元，标的资产为苏宁云商的 11 家门店。该资产支持证券于 2015 年 2 月 6 日正式在深圳证券交易所挂牌交易，并在中国证券投资基金业协会进行了备案。

**1. 交易结构**

（1）计划管理人华夏资本管理有限公司发起设立资产支持证券——“中信华夏苏宁云创资产支持证券”（下称“华夏资管计划”），投资人认购资产支持证券份额，成为资产支持证券持有人，资产支持证券分为 A 类和 B 类。

（2）基金管理人中信金石基金管理有限公司设立“中信苏宁云创私募投资基金”（下称“中心云创基金”），先由苏宁云商集团股份有限公司

（下称“苏宁云商”）认购全部私募投资基金份额。苏宁云商通过持有私募投资基金份额间接享有标的资产的权益。

（3）中信云创基金通过委托贷款的形式，向11家门店的项目公司发放委托贷款，并设置优先债和次级债两种债权。11家门店用门店租金偿还债务，用门店物业抵押给中心云创基金，苏宁云商提供保证担保。

（4）华夏资管计划（华夏资本代表签约）与中信云创基金签订《优先债收益权转让协议》，将优先债收益权转移给计划管理人；同时，华夏资管计划与苏宁云商签订《基金份额转让协议》，向苏宁云商收购全部私募投资基金份额。

至此，资产支持证券华夏资管计划直接取得优先债的所有权益；通过持有中信云创基金份额的形式间接持有次级债的全部权益。

交易结构图如图10.2所示。

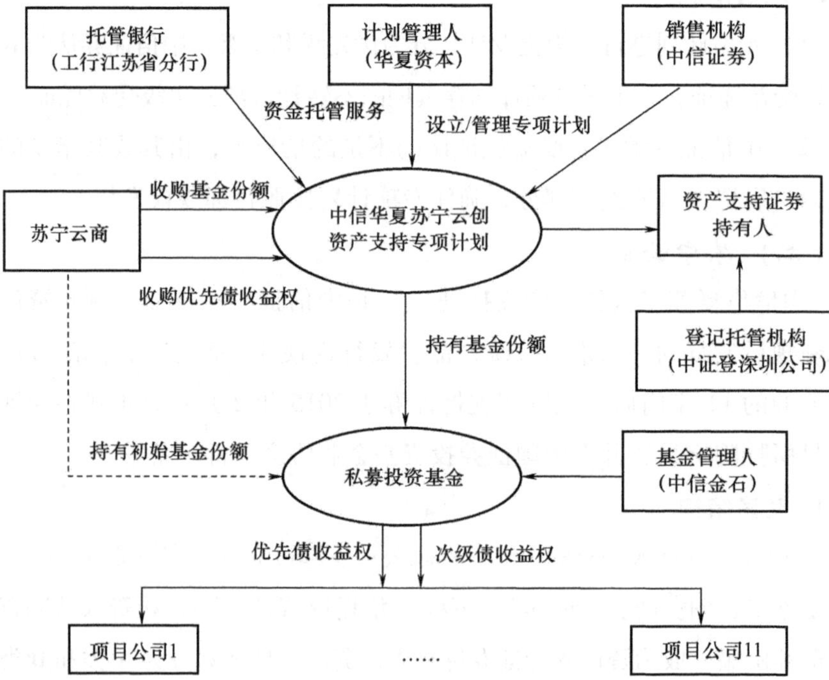


图10.2

**2. 主要交易文件**

(1)《资产管理合同》，由计划管理人与资产支持证券持有人签订，包括《中信华夏苏宁云创资产支持专项计划标准条款》和《中信华夏苏宁云创资产支持专项计划资产支持证券认购协议》两个文件。

(2)《专项计划托管协议》，由计划管理人与托管银行——工商银行江苏省分行签订，由该行向资产支持证券提供资金托管服务。

(3)《基金合同》，由计划管理人与基金管理人签订，约定双方在私募投资基金设立、投资、收益分配及清算中的权利与义务。

(4)《基金份额转让协议》，由计划管理人、基金管理人、苏宁云商签订，苏宁云商将其持有的全部私募投资基金份额转让给华夏资本。

(5)《优先债委托贷款协议》，由基金管理人、委贷银行及各借款人分别签订，私募投资基金通过委托贷款形式向各项目公司借款。

(6)《优先债收益权转让协议》，由计划管理人、苏宁云商与基金管理人签订，将苏宁云商的优先债收益权转移至计划管理人。

(7)《资金监管协议》，由计划管理人、基金管理人、资金监管银行与各项目公司签订，由监管行——工行南京汉府支行对项目公司的账户进行监管，并依照专项计划的相关约定支配各门店物业租金收入。

(8)《流动性支持协议》，由计划管理人、苏宁云商、工行南京汉府支行共同签订，约定苏宁云商在专项计划开放期内为专项计划提供流动性支持。

(9)《评级下调承诺函》，其中苏宁云商承诺，专项计划存续期间，若资产支持证券评级低于 AA +，苏宁云商向计划管理人支付未分配本金及预期收益，计划管理人终止 A 类资产支持证券。

(10)《优先收购权协议》，由计划管理人与苏宁电器集团有限公司(下称“苏宁集团”)签订，约定苏宁集团在 B 类资产支持证券存续 3 年内，有权优先收购 B 类资产支持证券。

**3. 增信措施**

(1) 苏宁云商及其各下属公司、苏宁集团与各项目公司签订不可撤销租约，并对租金上涨幅度进行了约定，用以确保项目公司收取的租金能够为专项计划提供相应稳定的现金流。

（2）各项目公司与委贷银行签订了《抵押合同》，以其持有的门店物业为优先债的偿还提供了抵押担保，并办理了抵押登记，用以确保A类资产支持证券持有人的安全退出。

（3）苏宁云商出具《承诺函》，承诺在专项计划存续期间，若资产支持证券评级低于AA+，苏宁云商向计划管理人支付未分配本金及预期收益，计划管理人终止A类资产支持证券。

### （三）对比分析

第一，中信启航仅是通过持有私募基金份额间接享有项目资产收益权，而苏宁云创除通过持有私募基金份额间接享有项目资产收益权外，还通过发放委托贷款的方式，取得了项目公司的租金收益权，实现了双重保险。

第二，由于两座中信证券大厦是中信证券自有物业，在增信措施上，中信启航相对简单，仅通过中信证券认购次级受益凭证的方式提供增信；而苏宁云创则通过不可撤销租约、物业抵押、苏宁云商出具《承诺函》等多种方式，对资产支持计划进行增信。

第三，相比于中信启航，苏宁云创为苏宁云商及苏宁集团设置了回购制度，即专项计划设立每满三年，计划管理人有权提前终止A类资产支持证券；而苏宁集团可在专项计划存续的前三年内，选择回购B类资产支持证券。回购制度的设计使专项计划的操作更为灵活。

## 四、国内准REITs的基本模式分析

### （一）准REITs产品与REITs的差异

#### 1. 产品的流动性

真正的REITs产品是公开上市交易的，公司型REITs中投资人直接持有公司股权，契约型REITs中投资人持有的信托或基金份额也是可以公开

交易且不受人数限制的。但是，我国目前发行的准 REITs 产品虽然在交易所的综合协议交易平台上公开转让，但投资者有不超过 200 人的限制，且目前来看，相关产品的流动性较差。不过，目前发行人均看好几年内我国将出台真正的 REITs 产品，寄希望于未来准 REITs 产品可以通过公募 REITs 实现退出。

**2. 税收优惠**

发行 REITs 的国家均在税收上给予了 REITs 一定的优惠政策，如美国 REITs 免征所得税，香港 REITs 信托计划本身不征收所得税，均通过税收优惠政策避免了双重征税。但是，目前我国的准 REITs 产品并没有明确的税收优惠政策，发行人、投资者等均需要在各个环节按照规定纳税。

**3. 产品的预期收益**

目前，我国已发行的准 REITs 产品从收益稳定性角度考虑，均确定了预期收益率，并通过一系列增信措施为投资人尤其是优先级人的收益提供保障；而成熟市场的 REITs 收益率则按照租金收益确定，完全由市场进行调节。

### （二）项目选择标准

近两年来，准 REITs 产品在我国如雨后春笋一般出现，大量持有商业地产及酒店的物业企业出于盘活资金的强烈需求，表现出通过准 REITs 产品实现资产证券化的兴趣。但是出于对项目稳定性的考量，发行机构对标的资产及原始权益人均具有一定的标准，以下参考某证券公司准 REITs 产品项目筛选标准如下：

**1. 原始权益人**

（1）净资产不低于 5 亿元，资产负债率不高于 80%；

（2）主体评级 AA 级以上，或有相应主体评级 AA 级以上的企业提供优质担保。

**2. 标的资产**

（1）位于一线城市、二线省会城市，所处位置比较优越；

（2）标的资产权属不存在瑕疵；

（3）标的资产建成超过1年，且有1年以上运营记录；

（4）标的资产每年税息折旧及摊销前利润（EBITDA）不低于1亿元；

（5）写字楼、购物中心类出租率超过90%，酒店类入住率超过60%。

目前准REITs产品正处于发展初期阶段，各发行机构选择项目的标准相对较高，相信随着未来准REITs产品的发展，相关标准均可放宽或灵活掌握。

# 第四篇　房地产基金的投后管理

# 第十一章　房地产基金投后管理的必要性

房地产基金起源于国外，经过多年的发展，已经相当成熟，形成了从募资、投资、投后管理到投资退出比较完善的投资模式。而我国的房地产基金起步较晚，直到2010年楼市调控才开始获得发展，因此，房地产基金在我国仍处于探索期。在这样一个发展阶段，房地产基金暴露出这样或者那样的问题，其中之一就是忽视投后管理。

## 一、房地产基金行业的发展现状

目前，我国房地产基金处于初级发展阶段，一方面，基金管理人还没有形成规范、专业的投资流程，即从募资、投前尽职调查、投资到投后管理、投资退出一套完整的投资服务，另一方面，大多数基金从业人员涉足房地产基金领域时间较短、专业水平有限。因此，基金从业人员的投后管理意识普遍淡薄。

从房地产基金的投资者现状来看，由于现阶段基金管理人无法得到投资者的完全信任，常常受到投资者干涉，而掌握投资决策权的投资者往往抗风险能力较差、投资意识守旧，追求零风险高收益，因此，为了获取投资款，基金管理人大多选择向投资者妥协，最大限度地满足投资者零风险的要求，加之没有法律规制与部门监管，导致我国房地产基金目前呈现出比较畸形的投资形态，即担保下的投资。

这样的市场环境下，我国房地产基金大多采用债权投资与股权投资相结合的夹层投资方式，即一部分投资资金通过借贷方式出借给融资方的股东、实际控制人或者他们所指定的其他人，另一部分投资资金通过受让股权或者增资方式进入融资方。债权投资部分，由融资方提供等值甚至是超值的抵押、质押担保，并且/或者由融资方的关联公司、实际控制人提供连带责任保证，确保出借款项的收回；股权投资部分，通过制度设计和合同安排，在如期退出的情况下，房地产基金所持有的股权按约定价格被回购；在未如期退出的情况下，房地产基金可行使强制收购权、领售权等权利，确保股权投资款项的收回以及取得高额投资收益。

如此一来，除非融资方及其关联公司、实际控制人均出现异常情况，如资不抵债，否则，在如此充分的投资保障下，可以说房地产基金的投资没有风险。因此，一旦获得充足的投资保障，基金管理人并不担心投资资金的安全，投后管理变得可有可无，成为只存在于投资交割文件中而怠于实行的一纸空文。

## 二、投后管理的必要性

从房地产基金业的当前发展状况看，投后管理并未得到足够重视，但是实际上，房地产基金的投后管理却是十分必要的，主要原因有如下几点。

### （一）投后管理是房地产基金投资成功的保障

通常，房地产基金在对某一个融资房地产项目决定投资前，都会针对该项目展开尽职调查，以考察其是否具有投资价值。

尽职调查主要围绕融资项目以及该项目所涉企业即融资方进行。通过对融资方诸如股权结构、管理团队、开发业绩等体现公司管理能力、开发建设能力以及操盘能力的基本情况的调查，评判融资方的实力；通过对融资项目成本、销售、所在地房地产市场等情况的考察，预估融资项目的市场前景。

经过尽职调查，若从融资项目所在地市场需求、信贷政策、项目所在区位、项目本身设计、价格等因素分析，预计销售回款情况良好，在投资退出时点有充足的现金流保障投资的退出，则只要融资方的实力不是太差，对大多数房地产基金而言，该融资项目即具有投资价值，从而做出对项目或公司投资的决策。

但是，融资项目的投资价值，是由房地产基金依据融资项目与融资方于投资时点的状况所作出的判定。在投资过程中，融资项目或者融资方的情况可能会发生变化，导致投资价值改变。

首先，融资项目的实际销售回款情况与预测情况如果相差甚远，则导致投资价值降低。在房地产基金自投资到退出的这段时间里，从宏观上讲，房地产调控政策、信贷政策的改变，中观上讲周边楼盘竞争格局、周边配套设施建设进度的变化，到微观上来说自身建设进度、销售策略的调整，都可能导致实际销售回款情况与预测情况出现偏差，从而影响房地产基金的如期退出。

其次，融资方实施增加债务或减少资产的不当行为，会导致投资价值降低。在投资中，融资项目的实际销售回款情况良好，但是融资方超出生产经营需要，实施对外投融资、向第三人出借款项或为第三人提供担保等增加公司债务或减少公司资产的行为，都会增加投资退出时点现金流的风险，从而影响房地产基金的如期退出。

由此看来，为了使融资项目保有投资价值，最终获得投资成功，就房地产基金而言，投后管理必不可少。一方面，投后管理可以降低或者消除市场变动对融资项目销售回款产生的不利影响。通过投后管理，房地产基金能够及时掌握融资项目动态，对影响项目销售或者回款的情形作出及时应对、调整，确保实际销售回款与预测情况相差不大。另一方面，投后管理可以防止销售回款资金的流失。即使市场情况的变化对融资项目销售或者回款进度是有利的，或者市场情况变化甚微，对融资项目销售或者回款进度没有太大影响，就房地产基金而言，投后管理仍然必不可少。通过投后管理，房地产基金能够时刻掌握融资方动态，防止融资方做出导致销售回款资金流失的行为。因此，投后管理是房地产基金投资过程中必不可少的环节，是其投资得以成功的保障。

### （二）投后管理是房地产基金生存与发展的必然要求

2008年，经济危机爆发，餐饮企业俏江南为了缓解资金压力，引进私募基金鼎晖投资。而2011年俏江南董事长张兰女士在接受媒体采访时却表示，“引进他们是俏江南最大的失误，毫无意义，他们什么也没给我们带来”。鼎晖投资与俏江南之间的恩怨不为人知，但是，被投资企业俏江南的不满，却在一定程度上反映出鼎晖投资投后管理方面的不足，也在一定程度上体现了被投资企业对私募基金的更高要求。私募基金经过几年的发展，对融资方而言已不陌生，在与私募基金进行洽谈时，公司抛出的问题，已经由最初的什么是私募基金，到如今私募基金能投多少，甚至是私募基金能为公司带来什么。越来越多的融资方，不再满足于私募基金能够为自己带来多少资金，而是更加关注私募基金能够提供多大价值的投后管理与增值服务。

融资方对私募基金的上述期待变化，对房地产基金而言，不禁要思考：除资金外，投后管理是否是有融资意向的房地产企业采用房地产基金融资的重要考量因素？在融资渠道不畅通的现阶段，房地产基金只要能够提供大量资金且投资收益率设定不高，对有融资意向的房地产企业而言，就已经具有极大的吸引力。但是，随着民间资本逐步放宽、信贷政策的进一步调整，房地产企业的可选择性逐渐增多，不仅体现在融资渠道的种类上，即银行融资、信托融资、房地产基金融资等，而且体现在房地产基金的数量上。试想一下，在不久的将来，一个优质的房地产项目，会有多个投资主体竞相争夺。但是，就目前大多数房地产基金的情况来看，在同其他投资主体的竞争中，并非处于优势地位。例如，同银行融资相比，第一，房地产基金设定的年收益率大多在30%左右，对融资方而言，融资成本较高；第二，房地产基金投前尽职调查内容多，耗时长，且最终是否投资具有不确定性；第三，房地产基金投资后，在投资期内会对融资方进行一定程度的干涉、控制。在这种情况下，就单纯获取资金而言，不难想象，几乎所有的房地产企业都会选择银行融资。因此，只有跳出资金本身，注重提供投后管理与增值服务，房地产基金才能吸引有融资意向的房地产企业的目光，在激烈竞争中获得发展。

鉴于房地产融资市场供求格局的变化，房地产基金对融资方的吸引力，逐渐从能提供大量资金转向投后管理带来的增值服务上。房地产基金投后管理中是否包含增值服务以及增值服务的多寡、优劣，都会成为融资方考虑是否选择房地产基金进行融资的重要因素，从而关系到房地产基金与基金管理人的生存与发展。因此，就房地产基金而言，投后管理必不可少。

### （三）投后管理的当前意义

一些房地产基金认为，在房地产融资市场供小于求并且有充足投资保障的现阶段，投后管理可有可无。显然，这种观点是错误的。

首先，在获得充足投资保障的当下，投后管理仍然是投资成功的保障。房地产基金若不重视投后管理，如上所述，由于市场情况的改变导致销售回款情况与预计产生巨大的偏差，或者融资方的不当行为，在投资退出时点也会出现现金流不足的情况，导致房地产基金无法如期退出，借助一系列保障措施，虽然最终可能全额收回了投资资金并获得了资本增值，但是，无论从该投资的退出时间还是退出途径来看，仍然称不上是成功的投资。更何况，即使是有充足投资保障，房地产基金也存在无法收回投资资金的风险。

其次，从我国房地产基金的发展来看，房地产基金正在朝着专业基金迈进，投后管理理应得到越来越多的关注。真正专业的房地产基金，通过前期充分的尽职调查，判断融资项目是否具有投资价值，通过投后管理与增值服务，防控、降低投资风险，始终与融资方共享收益、共担风险。而我国现阶段的房地产基金，过于依赖各种形式的投资保障，享有高收益的同时却不承担相应的风险，从实质上来看，不免有以投资为名行借贷之实之嫌。随着房地产基金的不断发展，机构投资者会越来越多，基金从业人员的专业素养得到提升，配套法律法规随之建立，势必会对我国房地产基金提出更高要求。在不久的将来，我国房地产基金必然会摒弃这种涉嫌名为投资实为借贷的投资模式，成长为不再追求投资保障而是重视投前尽职调查和投后管理的专业基金。

再次，从我国房地产融资市场的发展走向来看，信贷紧缩政策只是楼市调控的权宜之计，不会长久持续，另外，加之民间资本的进一步放开以及私募基金数量的增多，总有一天，房地产市场会供过于求，并且可能在较长一段时间内不会发生改变，从而导致房地产基金的优胜劣汰。为了迎接即将到来的惨烈竞争，房地产基金应当把握时间，抓紧建立并完善投后管理环节。

因此，在房地产基金向专业、成熟基金迈进，同时房地产融资市场供求格局渐变的阶段，无论是为了满足房地产基金的发展要求，还是为了实现投资如期退出、获得投资的成功，房地产基金都应当重视投后管理。

# 第十二章　房地产基金投后管理的实践

投后管理是房地产基金投资中一个必不可少的环节。投资有风险，完成出资并不意味着一切就万事大吉了，一个完整的投资活动应该是对投资的各个阶段中可能产生的风险的全程把控，并采取有效的措施降低风险。可以说，在房地产基金投资的各个阶段中，投后管理对风险的发现和控制作用是最为显著的，而且它直接关系到投资是否能安全退出。如何实现有效的投后管理，是开展房地产基金投资必须要思考的问题。本文从房地产基金投资中投后管理的基本原则出发，总结进行投后管理可行的方法和内容，以期形成一套在实践中具有可操作性的投后管理方案，从而为房地产基金投资中的投后管理工作提供一定参考。

## 一、投后管理的现状与必要性

尽管现阶段房地产基金投资如火如荼，但是与方兴未艾的投资相比，投后管理并不成熟，甚或并未引起足够重视。但不成熟、不重视并不意味着不重要。从房地产整个投资流程来看，房地产基金投资包括“募、投、管、退”四个环节，从完成投资项目的尽职调查并实施现场交割后直到项目退出之前都属于投后管理期间，可以说，投后管理在房地产基金投资的整个投资周期中起着承上启下的作用，是其中的重要一环。

就房地产基金投资而言，虽然通过前期的尽职调查以及相应法律条款的设计可以在一定程度上消除或降低投资中可能产生的风险，但是受尽职调查时间和范围的限制，我们往往只能了解被投资方（又称“房地产开发企业”，后同）截至某一调查时点的经营管理状况，相应的分析与预测也是在此基础上做出。此外，对于被投资方而言，其面临的经营环境处在不断变化之中，其经营发展也会受到各种因素的影响，这些都会产生诸如市场、政策、管理、法律等方面的风险，从而增加投资的不确定性。所以，为了尽可能降低投资中可能产生的各种风险，实现投资的保值增值，房地产基金需要采取有效的投后管理措施，主动减少或消除潜在的投资风险。

## 二、投后管理的重要原则

房地产基金（又称“投资方”，下同）在进行投后管理时需要把握一定的原则，否则可能造成“付出了管理时间和成本却没有降低投资风险”的后果，或者“过度管理”导致投融资双方合作不愉快甚至反目。就房地产基金投资而言，投后管理的本质目标在于保障投资的安全，降低风险。所以，投后管理的原则应至少包括以下几个方面。

### （一）全面性原则

虽然投资方的投资目的并不是经营管理被投资方，但投后管理仍应做到全面。因为被投资方的任何一种行为都有可能导致其经营管理出现重大风险。而且，某一因素产生的风险表面上看可能并不重要，也不会引起足够的重视，但如果各种因素结合后，产生的风险可能是灾难性的。所以，投后管理不能忽视任何细节，投后管理人员为获取有用的信息，必须采取有效的方式进行“全面管理”，要监控被投资方的经营管理和财务状况，也要关注对投资安全可能产生影响的国家宏观政策、被投资方所处的市场环境等。当然，全面性原则并不是要求投资方进行事无巨细的管理，这很可能引起被投资方的反感。

那么，如何做到全面的投后管理呢？总体说来，追求投后管理效果所必需的措施都纳入了房地产基金的投后管理中，而房地产基金的所有投后管理措施都是追求投后管理效果所必需的，这就是全面的投后管理。具体来看，一方面，关注融资项目的销售回款情况，知晓融资方现金流入的多少，并在销售回款遇到瓶颈的情况下，设法保证融资方有现金流入；另一方面，关注融资方增加负债或减少资产的行为，避免融资方现金的不必要流出。这样一来，就会通过掌握融资方的现金流入与流出，保证融资方在投资退出时点拥有充足的现金流。此外，实践中，投后管理人员还应注意明确自己的角色，重点在于知情，在必要时可提供一定的建议和支持，但不要试图去干预被投资方的经营管理决策。

### （二）适度性原则

全面性原则是从信息的知悉方面而言，适度性原则是从投后管理的深度和广度而言。投后管理必须在被投资方可容忍的范围内进行，如果投后管理过于苛刻，超出了被投资方的容忍底限，就可能导致投融资双方关系的破裂，也可能对投资的安全退出埋下隐患，背离了房地产基金投后管理的目的。当然，“度”的范围究竟在哪，这主要取决于投融资双方在合作洽谈阶段投资方所争取的投后管理内容或者是被投资方能够接受的投后管理的范围，这是双方博弈的结果。

### （三）持续性原则

被投资方是持续经营的，投后管理工作也应具有连续性、一贯性。投资业务发生后，投资方就应该根据投融资双发协商的投后管理方案，指派相关人员开始投后管理工作，直至该笔投资业务收回或终结。原则上，投后管理人员应保持一定的连贯性，这样有利于保障投后管理工作的持续性和全面性。为了保证投后管理的持续性，投资方在决定投资前，就应对投后管理工作进行一定的部署和安排。

### （四）及时性原则

及时性原则有两方面的含义：一方面，投资方在投资业务发生后，就要及时开展各项投后管理工作；另一方面，投后管理人员如果发现问题，就要及时进行预警风险提示，并及时通知投资方相关负责人，必要时与被投资方的相关人员进行沟通，最大限度地降低风险。

### （五）真实性原则

受种种因素的影响，投后管理人员在投后管理活动中的所见所闻并不一定是真实的，要求其对所获得的信息一一核实也并不现实，这就要求投后管理人员在工作中对相关信息进行如实的记录，并进行必要的整理归档，从而使投后管理工作真正落到实处并有据可查。一般来说，各种信息之间往往存在千丝万缕的联系，特殊情况下，投后管理人员可以从中发现问题，并以此为依据，通过其他信息的佐证为进一步核实相关信息的真实性提供参考。

## 二、投后管理的影响因素

### （一）房地产基金投资模式

房地产基金投资模式对投后管理的内容和方法有重大影响。现阶段，房地产基金投资模式包括股权投资、债权投资以及两种投资的组合，即“股权 + 债权”的夹层投资。在不同的投资模式下，投后管理的关注点和方式存在较大的差异（如图 12. 1 所示）。

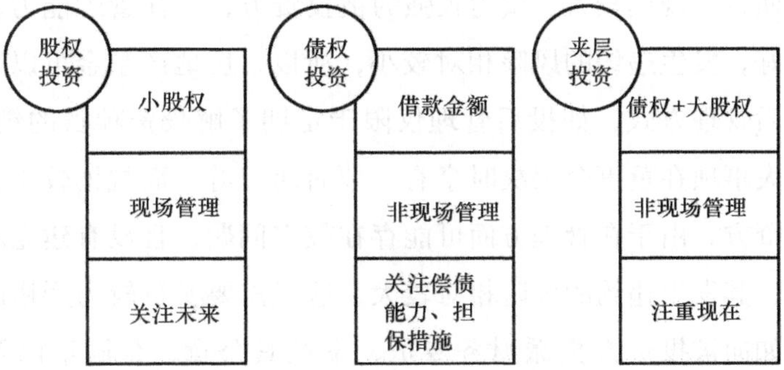


**图 12. 1　房地产基金不同投资模式下的投后管理**

如果是纯股权投资，且房地产基金只持有被投资方的小部分股权（持股比例小于 50% 且未达到控制程度），由于股权投资的风险相对较大，相应地，投后管理应关注被投资方的未来经营状况，其方式应重在进行现场管理，派驻专门的投后管理人员对被投资方进行全程跟进，并实时向房地产基金的管理层反馈信息，最直接的方式是发送每日工作报告。

如果是纯债权投资，投后管理的方式应是现场管理和非现场管理的结合，以非现场管理为主，投后管理应重点关注资金的使用、抵押担保措施、未来偿债能力等，投后管理人员可以根据上述内容定期出具投后管理报告（季度或半年度）。

如果是夹层投资，且房地产基金持有被投资方的股权比例达到控制程度，投后管理应重点关注被投资方在投资时点的经营管理和财务状况，投后管理的方式与纯债权投资类似，以非现场管理为主，现场管理为辅。

当然，房地产基金在选择具体投后管理方式时，也需要考虑不同方式下的投后管理成本高低，同时考虑因疏于投后管理可能造成的直接损失和间接损失。

### （二）被投资方的经营规模和实力

被投资方的经营规模和实力在很大程度上影响着投后管理的广度和深度。一般而言，规模较大、实力较强的被投资方，往往管理能力较高、商业信誉较好，发生违约的风险相对较小，所以，房地产基金可以采取较为宽松的投后管理方式，如投后管理仅限于定期了解投资项目的销售情况、对部分重大事项在董事会表决时享有一票否决权等。而规模较小、实力较弱的被投资方，由于在管理方面可能存在较多问题，且没有建立起良好的商业信誉，其发生违约的风险相对较大，这就需要实行较为严格的投后管理方式，如向被投资方指派财务专员、掌控其公章、合同章以及财务章等，随时了解企业现金流量状况，且这种情况下被投资方出于急于融资的考虑，往往也不会提出过多异议。

## 三、投后管理的工作方法

投后管理的实质是投后管理人员运用一定的方法，获得所需要的信息，以达到投后管理的目标。可以说，投后管理的方法贯穿于其内容之中。在此，我们将投后管理的方法具体为以下几个方面：

### （一）人员交流访谈

投后管理人员应根据工作需要定期或不定期的与被投资方相关人员进行接触、沟通，了解其经营管理状况。交流访谈的人员包括但不限于工程项目负责人、销售人员、财务人员、高级管理人员等。通过与工程项目负责人的交流，了解工程的施工计划、开工进度、工程成本预算及支出情况等；通过与销售人员接触，了解拟融资项目的销售进度、销售价格、被投资方采取的营销方式等；通过与财务人员的交流，了解其融资变动、销售回款情况、工程款的支付情况、关联方资金的往来情况等；通过与高级管理人员（包括总经理、董事长或实际控制人）交流访谈，了解其最新经营管理动向，是否有最新的对外扩张计划、资金安排等。

通过人员交流访谈获得的信息，投后管理人员应尽可能如实全面的记录，并进行整理归档，必要时将此类“口头信息”与通过其他方式获得的信息进行比对，判断是否存在显著差异。如果存在不一致，应尽可能通过书面审查的方式获得其他更为准确的信息资料。

### （二）参加列席会议

被投资方通常会定期召开相关部门或人员的会议，以对其过往情况进行通报总结，对其接下来的工作进行部署安排等。这类会议包括全体员工大会、工程负责人或销售人员周例会、工作部署会议、管理人员例会、董事会、股东会等，投后管理人员应尽量争取参加或列席上述会议，在被允许的前提下，参加或列席会议不仅可以获得更多被投资方经营管理方面的信息，而且有利于从侧面了解被投资方的规范程度。

有些会议，如董事会、股东会，投后管理人员应根据《投资协议》（指投融资双方达成的合作协议，下同）中的约定执行。如果房地产基金采取了包括股权投资的投资模式，则一般在《投资协议》中约定投资方在董事会和股东会中享有的权利，尤其是董事会中的一票否决权。这种情况下，投后管理人员应明确投资方所享有的一票否决的具体事项，如被投资方对外投资和担保、管理层薪酬的重大变动、重大资产购置等，按照规定的程序切实履行相应的职权。

### （三）项目现场巡查

投后管理人员对于通过口头或书面形式获得的信息资料，如尚存疑问，除了通过进一步询问相关人员进行核实外，还可以主动到项目现场进行巡查。需要注意的是，现场巡查应尽可能绕开被投资方，这样才能保证通过现场巡查获取的数据更为客观真实。项目现场的巡查应重点关注被投资方品牌在当地的知名度和认可度、工程现状及实际开工进度、竞争项目的销售和工程进展情况等。当然，现场巡查应定期进行，这有利于提高信息的可信性，方便对信息资料进行动态的分析管理。

### （四）电话网络调查

电话调查和网络搜索也是一种向第三方调查的方法，在对相关信息的真实性和准确性进行核实时比较有用。比如，对于被投资方相关人员反馈的拟融资项目销售信息，投后管理人员可以通过电话直接咨询项目销售人员，也可以在搜房网等第三方网络平台上搜索有关该项目的销售信息，同时也可以以同样的方法搜集竞争楼盘的相关信息，形成相应的工作底稿。将这些信息与现场巡查获得的信息进行比对，关注是否存在重大差异。

为了解当地最新有关房地产的政策措施以及土地供应和成交状况，投后管理人员应实时关注当地人民政府网站和国土资源部门网站，并对可能影响被投资方经营管理的信息进行记录整理，作为数据分析与预测的参考之一。

### （五）定期书面审查

一般而言，被投资方的大多数信息，如法律、财务等资料都是以书面形式记载，所以，有效的投后管理离不开书面审查。书面审查包括房地产开发涉及的相关证照，如房地产企业开发资质、国有土地使用权证、建设用地规划许可证、建设工程规划许可证、建筑工程施工许可证、商品房预售许可证等；各种重大合同，如融资贷款合同、合作协议、国有土地使用权出让合同等；销售数据，如来访人员登记表、销售认购书、商品房买卖合同等；财务数据，如财务报表、会计账簿及重要原始凭证、纳税申报表等。

书面审查的范围很广，投后管理人员应根据需要进行必要的筛选。在尽职调查的基础上，书面审查工作应定期开展，如按月或按季进行，以更好地了解被投资方在相关法律和财务方面出现的最新变化。

### （六）专职人员派驻

为了更好地开展投后管理工作，投资方可以委派专门的投后管理人员，到被投资方处开展工作。派驻专员可以为1～2人，其工作主要是采用上述方式参与被投资方的日常经营管理活动，关注是否存在投资风险，这种方式主要适用于现场管理。当然，为了防范被派驻人员与被投资方“打成一片”，出现道德风险，投资方可以对被派驻人员履行相关职权进行必要授权，如被派驻人员根据《投资协议》代表行使股东权利、董事职权之前，应将相关事项书面通知其上级管理人员，在获得授权后，方可行使相应的权利。此外，派驻人员在派驻期间，对被投资方发生的可能影响投资安全的事项及时向上级通报，在获得上级许可或授权后采取必要的应对措施。

## 四、投后管理的主要内容

在投后管理过程中，投后管理人员除了实时关注与被投资方及本次投资相关的重要信息外，还需要对获得的相关信息进行必要的分析，总结问题，得出结论，并采取有效措施解决问题。总的来说，投后管理应关注的内容可以概括为以下几个方面：

### （一）宏观政策

宏观政策影响着投资项目销售的大环境，包括相关的政策法规和市政动态（如图12.2所示）。

当前，为了防止房价过快上涨，中央政府的调控力度不断增强，可以

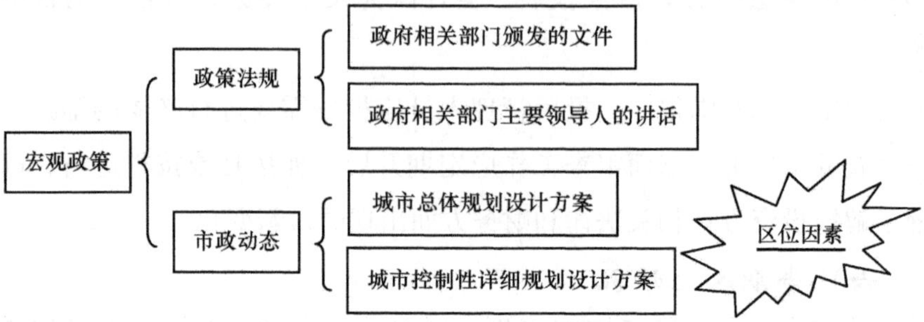


图 12.2　宏观政策分析

说，政策变量对房地产市场的即时影响较大，政府政策影响市场常常成为中国房地产业发展的“硬拐点”，政策法规信息通过网络或报纸上的新闻报道即可及时获取。

市政动态主要是指被投资方所在地最近一期审批通过的城市总体规划设计方案和控制性详细规划设计方案，市政动态信息可以从政府相关部门网站或当地规划部门获取。关注市政动态，通过标注投资项目在当地的具体区位，可以直观地判断所投资项目是否处于区域发展的轴线或发展带，是否具有交通可及性，是否有植被、山脉、河流等自然景观，是否有人文景观，周边是否有商圈、医院、学校、机场、银行、车站等公共配套，这些都是影响销售价格和销售预期的关键因素，即未来的“卖点”。

一般来说，政策法规和市政动态在短期内具有相对的稳定性，如果投资期限较短（尤其是小于一年），上述因素可能并不会发生较大的变化，投资方在前期已经完成相关的尽职调查的前提下，投后管理人员应重点关注在投资期间上述因素发生的变化及其影响程度。

### （二）市场环境

市场环境是从狭义的角度而言，包括纵向市场和横向市场（如图 12.3 所示）。纵向市场是从供需的角度分析投资项目的开发前景，主要是对宏观经济环境和市场现状的研究，其评价的三大指标包括需求指标、供给指标、交易指标。具体而言，衡量需求指标的常见要素包括地区经济发展规模和发展能力、城乡居民储蓄存款和城镇居民人均可支配收入、常住人口和城市化率；衡量供给指标的常见要素包括当地房地产投资额、房地产投资占比、土地交易情况、楼面地价、商品房新开工、施工和竣工面积等；衡量交易指标的常见要素包括商品房销售面积和销售额、销售均价等。

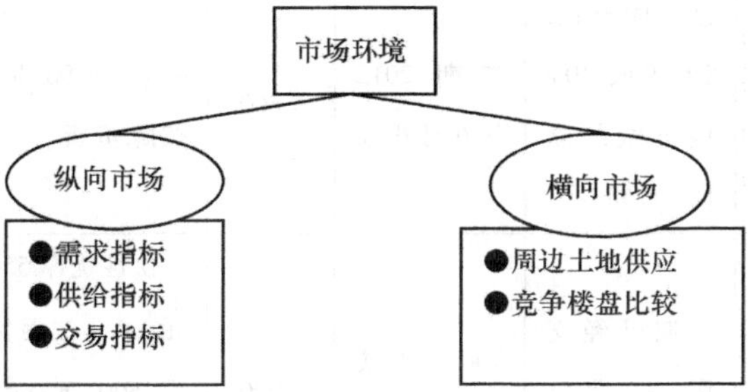


图 12.3　市场环境分析

横向市场则关注所投资项目在空间上的竞争力。现阶段，国家相关部门发布的影响房地产供需状况的经济数据往往只是年度数据，投资方要获取更为详细的宏观经济数据可能比较困难，成本也较高。所以，除非是跨越一个经济年度的投资，在市场环境中，投后管理应将重点放在横向市场方面，如关注所投资项目周边土地的供应情况、竞争楼盘的分布、基本信息、销售、社区配套等，这些因素在投资期间发生变动的可能性较大，但与此相关的信息也相对容易获取。表 12.1 是某房地产基金在尽职调查阶段对某房地产项目所处的横向市场的分析。投后管理中，投资方可以根据尽职调查阶段收集的相关资料，继续从以下几方面进行跟踪调查，关注哪些因素发生变化，并分析可能造成的影响，尤其是工程进度、销售价格、营销措施等因素的变动将对投资项目产生更大影响。

表 12.1　2012 年底洛阳 *** 项目横向市场分析

| 项目 | 规模 | 工程状况 | 销售情况 | 均价（元/$m^2$） | 优惠措施 | 综合 |
|---|---|---|---|---|---|---|
| A 项目 | 270 亩（共三个地块，每个地块 90 亩） | 一期已经全部主体封顶 | 二期 5#、11# 楼 2012 年 10 月开盘 | 5 600 | 一次性 95 折，按揭 97 折 | 小区内部配套设施齐全、环境优美、楼间距小，建筑密度大 |
| B 项目 | 10 栋高层，建筑面积 43 万平方米 | 已主体封顶，8#、9#、10# 楼正做外立面、内粉 | 二期 2012 年 6 月开盘 | 5 500 | 一次性 96 折，按揭 98 折 | 小区内部配套设施齐全、环境优美、距离龙门高铁站近 |
| C 项目 | 16 栋高层，建筑面积 46 万平方米 | 一期已经交房，二期已封顶 | 5 #、6 # 楼在售 | 4 900 | 一次性优厚 550 元/$m^2$，按揭优惠 500 元/$m^2$，按时付款可再优惠 200 元/$m^2$ | 采取低价策略，满足广大刚性需求 |
| D 项目 | 9 栋高层，约 37 万平方米 | 一期四栋 2013 年底交房，二期 2013 年 6 月开工 | 一期四栋将开盘 | 5 600 | 最高七折优惠 | 地理位置优越，靠近龙门高铁站 |

总的来说，对宏观政策和市场环境的关注主要在于通过对各种信息的分析判断，形成一个内心确信，同时重点关注上述因素在投资期间是否发生重大的变动，且这些变动足以影响到本次投资的安全退出。

### （三）公司运营

公司经营状况的关注点包括公司经营方式的变化、股权的变动和高级管理人员的变动情况等。

#### 1. 经营方式的变化

投资期间，被投资方的经营活动应保持一定的稳定性，这有利于保障投资风险在相对可控范围之内。一般来说，被投资方经营方式的重大变化包括但不限于转股、改组、合并、分立、合资、合作、承包经营、租赁经营、委托经营、主要资产托管、经营范围和注册资本变更等。

在股权投资的情形下，如果被投资方的经营方式发生重大变化，投资方一般会在第一时间知情，并可以根据风险大小采取相应的应对措施，如投资方认为该经营方式的变更足以影响投资方的投资安全，投资方可以行使相应的否决权或要求退出等。

在债权投资的情形下，投资方很难及时获取上述经营方式变化的信息，但上述经营方式的变化很可能影响投资方的权益。投资方除在《投资协议》中要求享有相应的知情权外，投后管理中还应根据上述事项的影响程度要求被投资方落实相应的债务清偿责任，或者提前清偿，或者提供投资方认可的补充担保。

**2. 股权结构的变动**

这里股权结构的变动仅指股权结构的变动导致被投资方的实际控制人的变动或其持股比例发生变化。被投资方的股权结构在某种程度上反映了实际控制人的控制程度，若投资期间被投资方的股权结构发生变化，投资方不论采取何种投资模式，都应享有知情权，在股权投资下，甚至还享有相应的表决权。对于股权结构的变动，投资方应关注被投资方的实际控制人是否发生变化，因为实际控制人的变动可能会影响公司的经营理念和风格。如果被投资方的实际控制人经营理念和风格比较稳健，则投资方的投资风险就相对较小；相反，如果被投资方是由扩张型或激进型的实际控制人管理，则投资方的投资风险就比较大。

对于投资期间被投资方股权结构的变动，投资方在短期内对其利弊可能比较难形成判断。如果无法获得内心确信，在维护现有的投资保障措施之下，可通过其他方式进行调整，如重新协商、要求补充相关保障条款，甚或是要求在不承担相关责任的前提下提前退出。当然，如果投资方在《投资协议》中对此类事项有相应的约定，投后管理人员只需按照约定执行。

**3. 高级管理人员的变动**

投资某种意义上就是投“人”。一个再优质的项目，如果没有好的经营管理团队，最终可能被开发成一片“烂尾楼”。所以，高级管理人员的变动与否对投资成败也会产生影响。这里所说的高级管理人员主要是指被投资方各个部门的主要负责人，这些人的执行力对被投资方的发展和项目的运作起着关键性的作用。

原则上，在投资期间，除非发生不可抗力，被投资方的高级管理人员应保持一定的稳定性。如果高级管理人员发生变动，投资方应有权在第一时间知悉并了解原因，投后管理人员应评估其影响程度，并作出及时的反应，同时需要关注被投资方采取了何种应对措施，是否有调动或新聘相应岗位的负责人，此类人员的管理执行力如何。

**4. 重大合同的签订和履行情况**

企业的经营事项一般都需要通过合同体现出来，所以，关注被投资方签订的重大合同是投后管理的重要内容之一。首先，投资方应享有相应的知情权，即被投资方应将拟签订的重大合同事项主动向投资方进行披露，投资方获悉后，判断是否有必要审核合同的具体内容。如果认为该合同事项可能对本次投资产生影响，尤其是有关投融资方面的事项，则投资方应有权审查合同的具体内容。这种情况下，投资方应首先关注合同事项是否属于投资方享有一票否决权的范畴，如果属于，则投资方有权要求召开董事会决议行使相应的权利；如果不属于，则应重点关注合同事项可能给被投资方经营管理造成的影响程度，并了解其相应的资金安排。在审查合同时，也需要关注是否存在相关法律风险，必要时提供一定的建议。当然，除非合同的签订和履行会给投资方造成巨大风险，关注合同的签订和履行不能影响被投资方正常的经营活动，不能干预被投资方管理层的最终决策。

对房地产开发企业来说，经营管理中涉及的合同主要包括以下两方面：一是围绕房地产项目开发建设方面的合同，如国有土地使用权出让合同、设计合同、建筑工程施工合同（包括总包合同和分包合同）、商品房销售合同等；二是企业经营管理层面的合同，如员工劳动合同、股权激励合同、项目合作开发协议、收购合同、借款合同（包括金融机构和非金融机构借款）、抵押合同、采购合同等。一般来说，对于合同金额超过一定标准（如200万或500万，可以根据投资金额大小确定），应属于重大合同的范畴，投资方应予以关注，并形成相应的记录，投后管理人员可以按表12.2所示的内容进行归类整理和跟进。

**表12.2　重大合同的签订和履行情况统计表**

| 合同名称 | 合同类型 | 合同主体 | 合同金额 | 履约期间 | 被投资方义务 | 备注事项 |
|---|---|---|---|---|---|---|
| | | | | | | |
| | | | | | | |
| | | | | | | |
| | | | | | | |
| | | | | | | |

注：(1)“合同名称”“合同主体”“合同金额”“履约期间”均可根据合同的具体内容而定。

(2)“合同类型”应从公司和项目层面进行划分，将不同类型的合同列示在一起。

(3)“被投资方义务”应罗列一些可能产生重大风险的合同义务。

(4)“备注事项”由投后管理人员根据其对合同履行的跟进情况进行填写，包括合同的履行情况（是否有相关的财务数据证明资金的流入流出）、是否按约定履行、是否履行完毕等。当然，这种跟进应该是定期的，所以在备注中，可以具体细分为每期（按月或按季），根据各期跟进获取的信息分别记载。

## （四）项目状况

项目运作好坏直接关系到房地产企业的经营成果，也在根本上影响投资是否安全。一个房地产项目从拿地到全部验收交付一般会持续3~5年，投资方进入时间和投资期限的不同，可能影响投后管理中对项目的关注点和关注程度。但是，无论投资方从项目开发的哪个阶段进入，都有必要对整个项目进行了解，并根据项目进展情况判断投资是否能够安全退出。项目状况主要包括工程开发建设及后期项目的销售情况。

### 1. 工程状况

在获知有关工程方面的资料时，投后管理人员需要更多的与工程部门人员接触，并通过该部门人员获得其他有关工程方面的资料。

在开展投后管理之前，对于所投资的项目，投后管理人员需要获取该项目的平面规划设计图，其涵盖的信息包括规划设计的用地面积、总建筑面积、容积率、楼栋分布和楼栋号等，并对项目现场进行巡查，做到对整个项目心中大致有数。不管项目在投资时达到何种状态，投后管理人员都应获得一份《项目关键节点表》（如表 12.3 所示），了解整个工程的各个节点，为更好地开展投后管理工作做准备。

**表 12.3　项目关键节点表**

| 序号 | 工作节点 | 计划时间节点（____年____月____日） | 实际时间节点（____年____月____日） | 备注 |
|---|---|---|---|---|
| 1 | 取得土地中标通知 | | | |
| 2 | 签订土地出让合同 | | | |
| 3 | 支付地价款取得土地权证 | | | |
| 4 | 取得《建设用地规划许可证》 | | | |
| 5 | 销售样板区开工 | | | |
| 6 | 取得《建设工程规划许可证》 | | | |
| 7 | 取得《建筑工程施工许可证》 | | | |
| 8 | 取得项目开发贷款（如有） | | | |
| 9 | 工程开工 | | | |
| 10 | 完成正负零施工 | | | |
| 11 | 取得预售许可证 | | | |
| 12 | 主体结构封顶 | | | |
| 13 | 开盘预售（首批开盘销售） | | | |
| 14 | 完成销售 95% | | | |
| 15 | 完成单体竣工验收 | | | |
| 16 | 完成竣工验收 | | | |
| 17 | 商品房交付（集中入住） | | | |

注：（1）上表中计划时间节点为拍地前公司对整个项目开发进度进行的时间安排，实际时间节点为项目实际开发过程中各个工作节点的发生时间。

（2）通过对比实际时间节点与计划时间节点，发现实际与计划的差异，并分析造成差异的原因及其对项目后期开发进度可能的影响。

（3）若项目分期开发，则应形成分期的关键节点表。

（4）若项目涉及拆迁，则拆迁作为项目开发的关键节点应考虑在上表中，且应注意拆迁进度的影响。

上表中相关数据能否准确获得，还受被投资方经营管理规范程度的影响。如果被投资方相关业务流程并不规范，可能在项目操作上比较粗放，如在拿地之前并没有相关的计划安排。这种情况下，投后管理人员就无法获得项目各个节点的计划时间，这就导致无法与实际的时间节点进行对比。这样，投后管理人员需要重点关注实际的节点时间，并结合项目实际的开发建设进度和房地产开发各个阶段一般的持续周期进行一定的预测，然后将预测与实际情况进行比对，寻找差异。需要注意的是，在项目开发建设周期上，除非特别的原因，房地产开发企业一般会尽快推进工程，以减少资金的沉淀成本和未来不确定性的影响。

此外，投后管理人员根据投资时间，应重点关注以下几个节点：一是签订国有土地使用权合同，这涉及土地价款的支付义务，该笔金额往往很大，需要考察被投资方是否有相应的资金安排；二是工程开工，这可能就意味着被投资方需要根据工程施工合同确定工程款的支付进度；三是取得商品房预售许可证，在此之后，项目对外销售可以获得相应的预售收入，这时，可以考察项目的市场反应情况，从而预测项目今后一段时间的销售和回款情况；四是工程主体封顶，一般情况下，主体封顶后，被投资方可以办理银行按揭贷款的回款；五是完成竣工验收，被投资方一般情况下需要结清相应的工程款，所以工程款的支付会有所增加。总之，在《关键节点表》的处理方面，要注意各个时间节点对被投资方现金流可能产生的影响，以及被投资方采取的应对策略。

如果需要对工程方面考察得更细致，投后管理人员还需要获得一份项目工程《施工计划表》（如表 12.4 所示），然后对项目实际的开工进度进行跟踪和监督。如果发现存在较大的时间间隔，就需要及时分析原因及可能产生的影响。

表 12.4　施工计划表

| 项目 | 工程一 | 工程二 | 工程三 | …… |
| --- | --- | --- | --- | --- |
| 楼栋号____ | | | | |
| 楼层数（共____层） | | | | |
| 各楼栋建筑面积（区分住宅和商业） | | | | |
| 开工时间 | | | | |
| 完成正负零施工时间 | | | | |
| 主体工程过半时间 | | | | |
| 主体封顶时间 | | | | |
| 完成安装工程时间 | | | | |

注：（1）需要比照项目平面设计图，分析总工程量及完工比例。

（2）关注开工计划与实际施工进度的差异。

（3）关注开工计划可能对工程款支付的影响。

当然，在明确施工计划的基础上，接下来需要关注的是工程款的支付情况。经营规范的被投资方除了对施工计划进行有序的安排外，对工程款的支付也会有相应的安排，这种情况下，投后管理人员可以获取一份《工程款支付计划表》（如表 12.5 所示）。一方面，投后管理人员可以根据建筑工程施工合同中约定的工程款支付节点，来估算工程款的支付时间。一般情况下，施工方建设到一定楼层时，建设方有义务支付总合同金额一定比例的工程款。但是，有时也存在着例外。如果被投资方比较强势，可以争取到更为优惠的施工价款，甚至施工方先垫资建设，被投资方到工程主体封顶时才支付相应的工程款；或者是被投资方选择由自己相关联的施工队建设，相应的施工合同仅是为了登记备案之用，故不能作为投后管理人员判断工程款支付义务的依据。这种情况下，投后管理人员只能与工程人员和财务人员进行沟通，明确被投资方项目工程款的支付方式，然后对表 12.5 相关内容进行修正。

表 12.5　工程款支付计划表

| 项目 | 工程一 | 工程二 | 工程三 | …… |
|---|---|---|---|---|
| 施工合同编号 | | | | |
| 施工楼栋号 | | | | |
| 施工面积 | | | | |
| 施工单位名称 | | | | |
| 合同价格总额 | | | | |
| 工程款支付节点 | | | | |

注：(1) 需要比照平面设计图确定楼栋号。

(2) 由于大多数施工合同都是为了办理施工许可证而签订的标准合同，为了降低相应的税费，施工合同中相关的条款可能与双方实际应承担的义务（包括施工面积、合同价款等）存在较大差异，所以首先需要关注实际的施工面积、相应的工程款及其支付节点。

(3) 工程款的支付节点需要详细说明工程达到何种进度（或状态）时发生支付义务，每次支付的工程款占总工程价款的比例等。

(4) 关注项目开发建设中施工方是否存在垫资建设或交纳保证金建设的情况。

### 2. 销售状况

项目的销售情况主要是指销售方式、何时开始销售、销售进度、销售回款状况以及对投资退出的影响等。

按我国关于商品房销售的相关规定，房地产开发企业只有取得预售许可证才可以对外销售。在房地产开发企业融资难的情况下，其往往会想尽各种办法尽快回笼资金，现阶段，在未取得商品房预售许可之前，中小房地产开发企业通常会采用前期认购的方式对外销售部分房源，当地相关部门对这种销售方式也是“睁一只眼闭一只眼”。但是，这种销售方式本质上说是存在很大的法律风险的，应引起投后管理人员的重视。毕竟，政府一旦出台相关政策打击这种违规销售行为，对房地产开发企业的正常经营活动会产生重大影响。

此外，房地产开发企业是聘用自己的人员销售还是委托专门的营销策划公司进行销售，对项目销售也会产生一定的影响。一般来说，委托专门的营销公司进行销售，房地产开发企业在确定销售计划后，营销公司会尽力去完成，以获取更高的销售佣金，这样房地产开发企业是以相对较高的销售成本换取资金的回笼，对其也未尝不好。

关注项目何时开始销售和销售进度，是为了更好地分析被投资方未来的现金流状况，是否存在资金紧张的风险，是否可以对投资的安全退出提供一定的保障。在统计项目销售情况时，投后管理人员需要与销售人员和财务部门进行沟通，获取截至某一时点或某一期间的销售数据，及时记录，总结变动情况。

统计某项目截至某一时点的销售情况（如表 12.6 所示），可以预测项目未来可回款总额（包括已售未回款和未售两部分），这对投资方选择是否在某一时点进入被投资方有一定影响。如果被投资方旗下项目在未来可回款总额大，对投资方来说未来的保障更充分，投资风险相对较小。如果存在未来贡献现金流入的项目，投后管理人员应定期统计未来可回款情况，同时也有利于了解项目的销售情况。

**表 12.6　截至×年×月×日项目销售情况统计**

| 项目名称 | | 套数（个） | 面积 | 总金额 | 销售回款 | 剩余未回款 |
|---|---|---|---|---|---|---|
| 项目一 | 住宅 | | | | | |
| | 商业 | | | | | |
| | 车库 | | | | | |
| 项目二 | 住宅 | | | | | |
| | 商业 | | | | | |
| | 车库 | | | | | |
| 合计 | | | | | | |

注：（1）此表中的销售需要区分按揭方式销售和一次性付全款方式销售，分别核算。

（2）对于未取得商品房预售许可证之前以认购金、定金等方式收取的款项也应纳入当期销售统计中。

（3）关注某一时点总的销售情况和销售比例，可以预测项目未来可能产生的现金流入。

了解项目销售变动情况可以统计投资期间可售项目在各期的销售情况（如表 12.7 所示），通过比较各期总的销售数据（表 12.7 中“合计”一栏），可以清晰地了解项目在各期的销售变动情况，同时结合实际情况寻找原因。此外，经营管理比较成熟的房地产开发企业在项目销售之前也会对项目的销售进行相应的预测，从而方便及时根据市场情况调整销售策略。如果被投资方制定有此类销售计划，投后管理人员也应该获取，作为分析销售情况的参考资料之一。

**表 12.7　可售资源当期销售统计（××月或××季度）**

<table>
<tr><th colspan="2">项目名称</th><th>销售套数</th><th>销售面积</th><th>总销售额</th><th>当期实际销售额</th><th>剩余未收回款金额</th><th>前期销售当期按揭回款额</th></tr>
<tr><td rowspan="3">项目一</td><td>住宅</td><td></td><td></td><td></td><td></td><td></td><td></td></tr>
<tr><td>商业</td><td></td><td></td><td></td><td></td><td></td><td></td></tr>
<tr><td>车库</td><td></td><td></td><td></td><td></td><td></td><td></td></tr>
<tr><td rowspan="3">项目二</td><td>住宅</td><td></td><td></td><td></td><td></td><td></td><td></td></tr>
<tr><td>商业</td><td></td><td></td><td></td><td></td><td></td><td></td></tr>
<tr><td>车库</td><td></td><td></td><td></td><td></td><td></td><td></td></tr>
<tr><td colspan="2">合计</td><td></td><td></td><td></td><td></td><td></td><td></td></tr>
</table>

注：（1）此表可以作为分析各期现金流的重要依据，项目当期的现金流入应包括当期新发生的销售收到的款项和前期发生的销售当期收到的按揭回款。

（2）通过对比各期的销售情况，可以分析各期的销售波动情况，对了解项目的销售情况具有很大的参考价值。

（3）将所统计的实际销售情况与计划的销售进行对比，分析原因，有利于从侧面了解房地产开发的市场环境。

总之，销售数据（无论是时点还是时期的数据）的记录和整理对后期销售的预测比较重要。这些数据被投资方自身也比较关心，并会采取一定的保密措施，一般人不能轻易获取。如果投后管理人员强行要求，可能引起被投资方的反感。所以，投资方在《投资协议》中就需要对此类知情权进行充分约定，从而方便投后管理工作的顺利开展。

### （五）财务状况

有效的投后管理离不开对被投资方相关财务数据的收集和分析。在投后管理工作中，投后管理人员应关注反映和影响被投资方的财务状况和经营成果的财务数据，以对被投资方的财务状况和经营成果形成整体的把握。财务数据的获取主要需与被投资方财务部门人员沟通，必要时需要被投资方负责人的协助。财务状况的分析主要包括财务报表（包括资产负债表、利润表和现金流量表）的分析、新增重大融资、纳税申报及缴纳情况等。

对财务报表的分析首先需要对相关财务数据进行统计、整理。投后管理人员需要定期（按月或季）收集整理被投资方的财务报表，分析报表中主要财务数据和相关财务指标，并关注主要会计科目的变动，分析变动的原因及其影响。

**1. 资产负债表及主要会计科目变动分析**

资产负债表反映被投资方在某一时点的财务状况，在资产负债的分析方面，投后管理人员不仅需要关注资产负债的构成状况，还需要重点关注构成资产负债的主要会计科目的变动情况。投后管理人员可以根据定期获取的数据，制作一张《资产负债分析表》（如表 12. 8 所示），该表主要关注各个调查时点企业资产负债的构成状况，通过分析各个时点的构成状况可以了解其变动程度，然后据此查找原因，从而有针对性地开展投后管理工作。需要指出的是，在现有条件下，被投资方出于融资方面的考虑，往往会准备多个版本的财务报表。作为投资方，为更好地开展投后管理工作，应向被投资方明确其获得的财务数据应该是最真实的，否则就丧失了分析的基础。

**表 12. 8　资产负债分析表**

| 会计科目 | 1 月 31 日 | 结构（%） | 6 月 30 日 | 结构（%） | 9 月 30 日 | 结构（%） | …… |
|---|---|---|---|---|---|---|---|
| 货币资金 | | | | | | | |
| 预付账款 | | | | | | | |
| 应收账款 | | | | | | | |
| 存货 | | | | | | | |
| 其他应收款 | | | | | | | |
| 资产合计 | | | | | | | |
| 短期借款 | | | | | | | |
| 应付账款 | | | | | | | |
| 预收账款 | | | | | | | |
| 长期借款 | | | | | | | |
| 其他应付款 | | | | | | | |
| 负债合计 | | | | | | | |

续表

| 会计科目 | 1月31日 | 结构（%） | 6月30日 | 结构（%） | 9月30日 | 结构（%） | …… |
|---|---|---|---|---|---|---|---|
| 实收资本 | | | | | | | |
| 资本公积 | | | | | | | |
| 未分配利润 | | | | | | | |
| 所有者权益合计 | | | | | | | |

表12.8中所列示的会计科目是房地产开发企业最主要的会计科目，投后管理人员首先需要获取主要会计科目的明细资料，然后查阅相应的会计账簿和原始凭证。根据以往对房地产开发企业的调查来看，各主要会计科目的关注点分别如下。

（1）货币资金：重点关注余额的大小。房地产开发需要大额资金，所以一般该科目余额不会很大。如果余额很大，就需要关注其原因，如是否存在大额融资款项到位且尚未使用，或者是为了办理按揭贷款而存入银行的不可动用的按揭保证金。正常经营情况下，货币资金每期的余额变动应该不大，如果货币资金环比余额发生较大的变动，除获取当期的银行对账单外，还需要查阅相应的支付凭证。

（2）应收账款：房地产开发企业都是预售商品房，一般不会赊销房子，除非是因为销售困难，企业采用了分次付款的方式促销。如果发生这种情况，投资方也不会投资了。实务中，如果该科目余额很大，还有可能是被投资方名下开发的其他项目因某种原因（如合作开发）进行了单独核算，财务上将被投资方对该项目的投资直接挂入该科目。这种情况下，投后管理人员需要关注经济实质，被投资方未来是否还有可能在该项目上发生很大的投入，从而对被投资方未来现金流造成较大影响。

（3）预付账款：原则上该科目余额应该不大，如果钢筋水泥等比较紧俏，可能会存在一部分预付的材料款和工程款。所以，预付款出现较大波动需要从市场方面寻找原因，同时需要关注有关建筑工程施工合同的相应条款。

（4）存货：该科目是房地产开发企业最主要的科目，企业对项目的所有投资几乎全部要通过这个科目反映出来，包括支付的土地成本及契税、前期工程费、建设安装成本、配套费用、基础设施费和其他间接费用等。

当然，投后管理人员需要根据项目所处的开发阶段，判断存货具体包括哪些内容。比如，如果某项目只是取得了国有土地使用权，则存货余额大部分反映的是被投资方为购买土地所支付的土地价款及契税。在项目对外销售之前，该科目余额体现的是截至开始销售时点被投资方对项目的全部投资，项目开始对外销售之后，如果销售符合收入确认条件，会计处理上就会确认部分收入，同时结转相应的存货。这就导致存货的科目余额并不能完全体现企业对项目的投资额。所以，在考察截至某一时点项目投资额时，一方面考虑项目开发所处的阶段（是否已经开始对外销售），另一方面要考虑资产负债表中的存货余额和利润表中的主营业务成本。当然，这种方式比较适合对“项目公司”的判断，即一个公司旗下只有一个项目。如果一个公司名下存在多个开发项目，就需要查阅更为明细的账目，分别核算各个项目。

存货对被投资方资产的流动性和短期偿债能力也有重大的影响。由于开发成本在结转之前会一直以“存货”的形式存在，随着项目开发建设的不断推进，存货金额会越来越多，被投资方的流动比率可能一直处于较高水平，但是扣除存货后的速动比率却很低。所以，根据被投资方的资产负债表计算出来的公司流动比率和速动比率高低不能一概而论，要具体分析造成差异的原因。当然，在预售阶段，只有符合条件的存货才能形成被投资方的预售收入，而该收入是被投资方进行后续开发和偿还短期债务的基本来源。所以，存货的大小在某种程度上影响着被投资方的短期偿债能力。

投后管理人员如果要确认存货的真实性，往往需要核查大量的会计账簿和原始凭证，这无疑会加大工作量。如果投资方在尽职调查阶段对该项科目进行了比较详细的核实，则投后管理中的主要工作就是关注科目的变动，在一定的原则和方法的指导下，如按表 12. 8 将本科目每季的数据进行列示，然后计算其在资产中所占的比例，观察各个调查时点比例的变动，确定调查重点，工作量就不会太大。

（5）其他应收款：房地产开发企业的有关存出保证金一般放在这个科目，如报建过程中的墙改基金、散装水泥保证金、农民工工资保证金、临时接电保证金等。此外，内部个人借款、关联方往来款项、合作单位往来款项等都列在该科目。一般来说，除非被投资方有大量的多余资金，该科目余额不会很大。如果余额较大，反应被投资方并不缺钱或只是暂时性缺钱。在投后管理中，应重点关注被投资方与关联方或合作单位之间的资金往来情况及其合理性。此外，部分被投资方为规避审查，会将对投资机构等民间借款主体的投资款项也列示在该科目，如果此类投资构成真正意义上的债权，投后管理人员有必要通过其他途径进行核实。

（6）长期股权投资：该科目主要是反映被投资方存在对其他企业的参股或控股。如果被投资方同时开发投资多个项目，且实际控制人为了实现统一的管控架构，就可能存在核心公司控制相关子公司的情况。这种情况下，长期股权投资是按成本法核算的，而实际上母公司对子公司的投资远远高于长期股权投资的账目成本。所以，投后管理人员如果认为有必要，可以进一步核实被投资方所投资控制的其他项目公司实际投资额，这有利于考察被投资方整体的开发实力。

（7）短期借款：一般来说，房地产开发企业项目借款期限会在一年以上，这个科目可能用不上。但是，在融资比较困难的情况下，房地产企业都会通过其他途径借入一定的短期资金以补充相关流动资金。考察短期借款的真实性及其变动，需要查阅相应的银行贷款合同及银行的支付凭证，必要时查阅企业每月的利息支付凭证。此外，要关注短期借款的到期时间，以及是否存在续贷的可能，这些将对被投资方未来现金流造成影响。

（8）预收账款：在预售的销售模式下，预售收入都要通过这个科目进行核算。在分析该科目之前，投后管理人员需要明确被投资方实行的销售付款方式，是一次性付款、分期付款还是按揭付款等。这样区分有利于预测被投资方未来的回款金额。此外，投后管理人员应将该科目与投资项目的销售数据结合起来考察。现在房地产开发企业都会采用专门的销售控制软件，这样，可以通过对比“表”和“账”来发现问题。当然，如果已经确认部分预售收入，还需要明确收入确认的时间，并核查所确认当期利润表中的销售收入余额。

（9）应付账款：此科目一般是应付施工单位、设计单位或其他材料供应单位的款项，在核查该科目时，应重点关注应付的对象及其结构比例。如果对某一方应付款所占比例较大，则应考察双方是否存在关联关系。如果应付个人的款项较多，则应考察被投资方是否将项目分包给了个人承建，这种情况下，就需要关注此类个人是否有相应的资质，被投资方的这种发包方式会给企业带来何种影响等。

（10）其他应付款：此科目一般核算相关单位存入的保证金（如施工方交付的工程进度质量保证金）、关联方往来款项、暂收的房款定金、民间借款等，其中关联方往来的款项所占的比重往往最大。对关联方的应付款很难通过相应的合同核实，可能的办法就是要求被投资方提供相应的说明，包括此类债权债务的具体金额、项目开发期间是否需要偿还或何时偿还、是否需要支付利息等，必要时查阅银行对账单，同时需要关注此类债权人与实际控制人的关系。

（11）长期借款：与短期借款一样，长期借款科目重点核查的是被投资方的贷款合同（包括银行、信托等金融机构），关注借款金额、借款利率、期限、是否存在抵押担保等（银行借款基本上都要求）。需要查阅的资料包括相应的银行贷款合同及银行的支付凭证、企业每月的利息支付凭证等，关注贷款到期时间是否处于投资方投资期间内。

（12）实收资本：其明细反映企业的股权结构。一般在投资时点投资方对被投资方的股权结构已有相应调查，而且通常会约定在投资期间，未经投资方的同意，被投资方的股权结构不发生变更。投后管理人员的主要工作是通过现场观察，关注被投资方的大股东是否实际参与公司的经营管理。

（13）资本公积：一般来说，房地产开发企业很少用到这个科目。当然，房地产开发企业为了融资的需要，可能将大股东或关联方的借款直接计入该科目，导致该科目余额较大。除非有相关的协议明确表明债权人将其债权转化为企业的股权，否则企业直接将借款计入资本公积是不符合会计原则的。而且，债权转股权在税法上还涉及补税的问题。所以，投后管理人员应首先关注该科目的余额大小，其次关注科目列示是否符合相关的规定，如果并不是真正的股东权益，该笔借款还是需要偿还，对房地产开发企业来说就有偿还义务，这可能影响投资的安全性。

（14）未分配利润：如果房地产开发企业存在未分配利润，一般都是确认相关收入并结转成本实现的，但这并不意味着企业有可以分配的利润，因为大部分未分配利润都是以资产的形式存在，所以，投后管理人员更应关注企业可供分配的利润。

在明确了主要会计科目的关注要点之后，投后管理中，需要从上述关注要点中分析科目余额变动的原因，实现对房地产开发企业财务状况的动态了解。

**2. 利润表及主要会计科目变动分析**

利润表反映了被投资方各期的经营成果。投后管理人员可以根据定期获取的被投资方各期的经营成果，制作一份《利润分析表》（如表 12.9 所示），动态地了解并管理利润表中相关科目。在制表时，首先需要确定一个基准期，一般可以是完成尽职调查的当期，以后各期可以根据投后管理获取的数据进行分析比较，找出原因，明确管理的方向。

**表 12.9　利润分析表**

| 会计科目 | 1 月 | 2 月 | 环比变动 | 变动原因 | 3 月 | 环比变动 | 变动原因 |
|---|---|---|---|---|---|---|---|
| 销售收入 | | | | | | | |
| 销售成本 | | | | | | | |
| 营业税金及其附加 | | | | | | | |
| 销售费用 | | | | | | | |
| 管理费用 | | | | | | | |
| 财务费用 | | | | | | | |
| 所得税 | | | | | | | |
| 净利润 | | | | | | | |

表 12.9 所列示的科目中，投后管理人员需要重视营业税金及其附加科目。这一科目是被投资方因取得销售收入向税务机关缴纳的相关税费，所以，如果被投资方严格申报和缴纳税费，则核查该科目可以间接了解其销售数据的真实性，而且如果销售收入取得时间与申报纳税时间一致，该科

目余额的变动也可以间接反映销售收入的变动。

总之，在投后管理中，投后管理人员应主要关注资产负债表或利润表主要会计科目余额的环比变动。对于中小房地产开发企业而言，受资金实力的限制，其一段时间内往往会集中开发某一个或几个项目，所以，企业每年开工与销售情况往往存在较大的波动，考察财务数据的同比变动可能参考意义并不大。对于短期投资而言，投资者可能更关心投资期间所投资项目的进展情况，而被投资方上年同期数据可能反映的是另一个项目或是本项目在运作初期的情况，对分析所投项目未来的情况参考意义并不大，所以，财务数据的环比变动可能更具有参考意义。环比数据可以与其他方面的数据相比对，从而形成印证。

**3. 现金流量表分析**

对投后管理来说，分析现金流量表主要是为了判断被投资方现金收支是否合理，以及是否存在现金流紧张的状况。在“现金为王”的经营环境下，保持稳定的现金流对房地产开发企业的发展是至关重要的。虽然通过分析资产负债表和利润表相关科目的变动可以了解被投资方的现金流状况，但是通过现金流量表可以更清晰地梳理被投资方的现金流状况。现金流量的分析分为经营活动现金流、投资活动现金流和筹资活动现金流三方面。对房地产开发企业而言，投资活动很少甚至没有，企业的筹资活动也主要是向金融机构和非金融机构的融资，经营活动的现金流主要体现为项目开发建设的支出和项目对外销售的收入。

分析被投资方对外筹资活动产生的现金流状况主要可以通过核查资产负债表中短期借款、长期借款、其他应付款等会计科目余额变动，关注是否涉及融资款的借入或偿还，借入时间或偿还时间是否与现金流量表所属期间一致。

分析被投资方经营活动的现金流出，需要关注几个主要的经济事项，包括土地价款和税费的支付、材料款和工程款的支付、其他相关费用的支付，这些支付事项直接关系到现金的流出。投后管理人员可以查阅现金流量表当期的银行对账单，重点关注大额支付事项，必要时查看相应的原始凭证，这部分工作可能在财务数据分析部分已经开展过。如果有相关记录，这里的工作可以免去。

经营活动的现金流入主要是销售回款，一般情况下，银行按揭贷款所占比例较大，但是即使被投资方达到规定的回款条件，银行按揭回款也不是一次性到位。所以，投后管理人员需要了解被投资方按揭销售占总销售收入的比例，并关注各期银行按揭回款比例和时间，同时兼顾项目当前的销售进度，确定被投资方当期实际能够到账金额。具体的数据整理和分析可以参考《可售资源当期销售统计》（见前表 12.7 所示）。

对过往各期现金流的分析，主要是为了更好地预测被投资方未来一定期间的现金流状况，判断是否存在投资退出风险，即在投资退出时点被投资方的现金流入是否能够保障投资资金的安全退出。在尽职调查阶段，投资方会根据调查时点所获取的信息，对被投资方在投资期间的现金流状况作出一定的预测。在现金流入方面，主要是预测在建在售项目未来的销售回款，以及被投资方已经确定可以获得的项目贷款；在现金流出方面，主要是项目开发建设支出以及利息的支付和到期债务的偿还等，具体内容可参考表 12.10。

**表 12.10　投资期间公司现金流量预测**

单位：万元

| 项目 | | 2013 年上半年 | 2013 年下半年 | 2014 年上半年 | 2014 年下半年 | 2015 年上半年 |
|---|---|---|---|---|---|---|
| 现金流入 | 项目一 | 15 000 | 9 000 | 6 000 | — | — |
| | 项目二 | 25 468 | 44 871 | 48 510 | 48 510 | 40 020 |
| | 项目三 | 11 697 | 14 036 | 10 527 | 19 885 | 19 885 |
| | 项目四 | — | 6 000 | 18 000 | 12 000 | 6 000 |
| | 项目五 | 4 000 | — | — | — | — |
| | 其他收入 | 1 284 | 1 284 | 1 284 | 1 284 | 1 284 |
| | 收回其他应收款 | 750 | 12 400 | — | — | — |
| | 银行贷款 | 26 850 | — | — | — | — |
| | 基金融资 | 5 000 | 10 000 | 5 000 | — | — |
| | 贷款公司 | 14 900 | — | — | — | — |
| | 计划融资 | 10 000 | — | — | — | — |

续表

| 项目 | | 2013 年上半年 | 2013 年下半年 | 2014 年上半年 | 2014 年下半年 | 2015 年上半年 |
|---|---|---|---|---|---|---|
| 流入合计 | | 11 4949 | 97 591 | 89 321 | 81 679 | 67 189 |
| 现金流入 | 项目一 | 1 000 | — | — | — | — |
| | 项目二 | 26 792 | 25 005 | 24 500 | 22 503 | 11 232 |
| | 项目三 | 15 298 | 11 448 | 14 500 | 7 867 | 5 780 |
| | 项目四 | 5 000 | 10 000 | 10 000 | 15 000 | 10 000 |
| | 项目五 | 1 000 | — | — | — | — |
| | 新拍地土地价款 | 29 000 | — | — | — | — |
| | 担保公司贷款到期 | 26 900 | 20 000 | — | — | — |
| | 银行贷款到期 | 1 000 | 1 200 | 15 350 | — | — |
| | 基金投资还款 | — | — | 5 000 | 10 000 | 5 000 |
| | 自然人借款到期 | — | 6 000 | | — | — |
| | 各项借款利息支出合计 | 6 847 | 5 484 | 3 315 | 2 440 | 1 190 |
| 流出合计 | | 11 2837 | 79 137 | 72 665 | 57 810 | 33 202 |
| 净现金流量 | | 2 112 | 18 454 | 16 656 | 23 869 | 33 987 |

注：本表中投资进入时点分别是 2013 年上半年和 2013 年下半年，投资期限为 1 年。

投后管理人员在对被投资方现金流量进行分析时，可以将尽职调查时点的预测与实际发生的现金流进行比对，关注存在多大的差异、形成差异的原因，并分析其影响程度。如果当初预测所依据的资料发生较大的变动，则投后管理人员应根据最新的情况及时对当初的预测进行相应的修正调整，关注变动后的情况对以后各期的影响，尤其是对投资退出时点的影响。

**4. 新增重大融资**

无论是债权投资还是股权投资，投资方在投资期间对被投资方的新增融资享有知情权，而且，通过关注企业重大合同、分析资产负债表和现金流量表等，都可以获取被投资方最新的融资信息，投后管理人员将被投资方在投资期间所有新增融资信息进行统计列示，可以作为投后管理其他工作的有效补充，如明确利息支付方式和利率，关注被投资方是否按约定履行了相应义务，了解债务到期时间，关注被投资方是否在相应的会计期间如期还款等。投后管理人员可以制作一份《新增融资情况表》（如表 12. 11 所示），进行实时跟踪记录，并可与重大合同中相应的统计、资产负债表中的负债科目的变动、现金流量表中的筹资等进行比对，关注是否存在差异。

**表 12. 11　新增融资情况表**

| 债权人 | 借款金额 | 借款期限 | 借款利率 | 担保信息 | 跟进情况 |
|---|---|---|---|---|---|
| 银行 | | | | | |
| 信托 | | | | | |
| 基金 | | | | | |
| 关联方 | | | | | |
| 企业员工 | | | | | |
| 其他民间借款 | | | | | |
| 合计 | | | | | |

注：（1）上述统计中的债务人应包括实际控制人控制的所有公司，不限于被投资方。

（2）以上新增融资情况，尤其是大额的融资，需要逐一核实，查看相应的合同和收付款凭证等。

（3）关注新增融资中是否存在会对本次投资退出产生重大影响的负债。

### 5. 纳税申报及缴纳情况

被投资方的纳税申报和缴纳是否合规反映了一个企业的经营管理水平及当地的税收管理部门的工作态度。对于房地产开发企业来说，项目开发前期没有收入形成，但是企业的土地增值税、所得税等都需要预缴，各个地方的具体情况不一样，需要以主管税务部门的要求为准，特殊情况下企业实际缴纳的税款是与税务部门进行沟通的结果。投后管理人员首先需要了解被投资方的纳税政策，是否存在特殊情形，然后统计被投资方各期的税款缴纳情况，分析被投资方的整体税务负担，作为分析项目开发成本高低的参考要素之一。投后管理人员可以根据被投资方实际缴纳的税种，制作一份《纳税申报与缴纳情况表》（如表 12. 12 所示），定期收集整理相应数据，形成相应工作底稿。

表 12.12　纳税申报与缴纳情况表（第____季度）

| 税种 | 税率 | 税基 | 应纳税款 | 实纳税款 | 纳税时间 |
|---|---|---|---|---|---|
| 营业税金及附加 | | | | | |
| 土地增值税 | | | | | |
| 城镇土地使用税 | | | | | |
| 房产税 | | | | | |
| 印花税 | | | | | |
| 企业所得税 | | | | | |
| …… | | | | | |

注：（1）营业税金及其附加与被投资方的销售收入紧密相连，在核实被投资方的纳税情况之前，需要将当期缴纳营业税金及其附加的税基与当期销售数据进行比对，以考察被投资方是否严格按照税法规定缴纳税款，如果被投资方是严格按照规定按期缴纳税款，则其纳税凭证可以作为审查项目销售收入的重要依据。

（2）各地土地增值税政策往往会存在一定的差异，首先需要核查当地的纳税政策，是按一定的比例实行预缴，后期不再清缴，还是严格按照税法规定先预缴，项目完工验收后进行汇算清缴。

（3）考察被投资方一个会计年度内应缴纳企业所得税的总额，是以被投资方利润表中的净利润为准还是存在其他的税基，考察被投资方的实际税负。

## （六）公司监管

### 1. 资金监管

为了保障投资的安全性，对投资方所投资的每笔资金，投后管理人员应采取有效措施进行监管。监管措施一般包括开立共同的监管账户，约定资金的汇划时间（完成工商变更手续）等。投融资双方需要预留各自的人名印鉴或财务印鉴，监管账户内资金的划付须经投融资双方指定的经办人共同办理，并按照约定的程序进行划付。此外，还应监督资金的用途，原则上投资项目的销售回款也应进入监管账户。

### 2. 印鉴监管

投资方根据投后管理的需要，可以与被投资方共同起草一份具体的印鉴管理办法，对监管哪些印鉴以及如何进行监管等进行明确的约定。常见的印鉴监管方法包括对被投资方的公章、财务章等印鉴进行共同监管，并对印鉴的使用程序进行控制。如需使用纳入监管的印鉴，则需经过投资方委派人员的签字或书面同意。但是，投资方的监管以不影响被投资方的正常经营为原则。通过了解印鉴的使用情况，投资方可以从侧面了解被投资方的经营状况。印鉴监管可以作为投后管理的方法之一，也可以是投后管理的内容之一，因为对印鉴的监管过程有利于获取投后管理所需要的相关信息，如合同的签订情况等。

**3.《投资协议》的落实**

按照项目投资时投融资双方签订的《投资协议》，投后管理人员应对协议规定的相关条款进行分类汇总，并制定相应的实施计划，按时督促落实相关条款的内容。对于股权投资，签订协议后，投资方应及时派驻董事、财务人员等，完成人员的任命程序；投资款项到位后，应及时督促被投资方根据《公司法》的相关规定办理验资、修改公司章程，并应及时办理工商变更登记手续；成为股东后，应积极履行股东权利，对需要投资方指派董事表决的事项出现时，及时提请董事审议；如果投资后，被投资方的经营管理活动有触发“特定的条款”的，如回购、共同出售等，应及时制定处理方案。对于债权投资，在投资资金到位后，督促被投资方按时支付约定的利息等。

### （七）其他工作

**1. 担保变动情况**

在债权投资中，为了降低投资风险，投资方一般会要求被投资方提供投资方认可的担保措施。在房地产基金投资中，此类担保措施一般包括关联方保证担保和不动产抵押担保。如果投资中存在担保措施，投后管理人员应重点关注担保人担保能力的变化以及担保物状态和价值的变化。

关联方提供保证担保可以为债务人按约足额还款提供支持，投后管理中应适时审查保证人的保证资格，分析保证人的保证实力，了解保证人的保证意愿。审查保证资格主要关注保证人就有关担保事项的内部决议和授权文件。分析保证人的保证实力主要是指在保证期限内定期查阅保证人的财务报表，分析其担保能力。非同一控制下的担保方，投后管理人员应密切关注保证人的保证意愿是否出现改变，如保证人和债务人的关系出现变化，应分析其中的原因，判断投资的安全性是否受到实质影响，并采取相关措施应对。

不动产抵押担保主要是指土地使用权的抵押或在建工程抵押担保，在抵押期间，被投资方转让已经办理抵押的房地产时，需要经过投资方的同意。此外，我国现行的不动产抵押实行“地随房走，房随地走”，所以，无论是办理土地使用权抵押还是在建工程抵押，“房地”在法律上都是同时抵押的。由于土地抵押登记和在建工程抵押登记在不同部门办理，如果被投资方只办理其中一项抵押登记，投后管理中应关注是否发生分别抵押的情形，同时关注抵押物价值的变化。如果是在建工程抵押，如果抵押期间因商品房的预售导致担保物价值下降的，投资方除可以要求对被投资方相应的销售回款进行监管外，也可以要求其补充提供担保物。

**2. 向被投资方提供《管理建议书》**

投后管理工作也可以为被投资方提供一定的增值服务。投后管理人员根据投后管理工作中获取的被投资方经营管理方面的信息资料，能够根据自己的专业知识对被投资方的经营管理风险形成一定的判断。所以，投后管理人员可以根据自己掌握的信息向被投资方提供《管理建议书》，对投后管理中重要的事项进行总结，发表自己的观点，同时提供相应的建议，必要时根据被投资方的要求提供一定的帮助。例如，协助被投资方调整公司治理架构，提升被投资方的管理运营能力；协助被投资方进行对外投融资，提高被投资方资本运作能力；协助被投资方分析房地产市场及研究销售策略，提升被投资方的开发建设能力以及操盘能力；等等。如果被投资方从投资方提供的增值服务中受益，本质上就是实现双赢，最终将降低投资风险，也符合投后管理的目的。

上文是对投后管理方法和内容的总的介绍，当然，不同投资模式下具体的投后管理方式和内容也不尽相同（如表 12. 13 所示）。

**表 12.13　不同投资模式下的投后管理方式和内容**

| 投资模式 | 投后管理的方式 | 投后管理的内容 |
| --- | --- | --- |
| 股权投资（小股权） | ✓人员交流访谈<br>✓参加列席会议<br>✓项目现场巡查<br>✓电话网络调查<br>✓定期书面审查<br>✓专职人员派驻 | ✓宏观政策<br>✓市场环境<br>✓公司运营<br>✓项目状况<br>✓财务状况<br>✓公司监管 |
| 夹层投资（债权＋大股权） | ✓参加列席会议<br>✓项目现场巡查<br>✓定期书面审查 | ✓公司运营<br>✓项目状况<br>✓财务状况<br>✓协议落实<br>✓担保变动 |
| 债权投资 | ✓项目现场巡查<br>✓电话网络调查<br>✓定期书面审查 | ✓项目状况<br>✓财务状况<br>✓协议落实<br>✓担保变动 |

对于股权投资，如果投资方的持股比例较小，则其在被投资方处的“话语权”就较小，在投资方不直接参与被投资方经营管理的情况下，其权益受到侵犯的可能性就较大，所以，投后管理项目的内容和工作应尽可能涵盖上文中所述的全部内容，采取各种可行的投后管理方式尤其是人员派驻方式，关注被投资方的公司、项目、财务、运营等方面的事项及其变动情况。

对于纯债权投资，在被投资方提供的担保措施较为充分的前提下，投后管理的方式和内容也应相对简单。在投后管理的方式和内容方面，如可以定期书面审查被投资方的财务状况和经营成果，并关注借款期间公司的现金流状况、保证效力的变化、担保物的状态和价值变化等。

对于夹层投资，在投资方持股比例较大且债权保障措施较充分的前提下，考虑管理的成本，投资方可以对投后管理的方式和内容进行一定的选择。在投后管理的方式上，可以有人员的交流访谈、定期的现场巡查和书面审查、参加列席相关会议等；在投后管理的内容方面，可以重点关注被投资方的项目和财务状况。

投后管理工作涉及的内容很多，基本上涉及被投资方经营管理的方方面面，所以有效的投后管理离不开专业的投后管理团队。但是，总的来说，投后管理工作中的大部分内容都是相关联的，如果被投资方能够积极有效的配合，投后管理工作将比较容易顺利开展。投后管理人员如果能够采取合适的方法，在尽职调查的基础上实行动态地跟进管理，重点关注投后管理中的主要内容，投后管理工作也可以实现规范化运作，从而使投后管理成为投资中的常规工作。

# 第五篇　房地产基金的退出

# 第十三章　房地产基金退出中的问题与分析

投资退出是房地产基金投资的最后一环，是对募集、投资、投后管理阶段的最有效检验，同时也关乎着房地产基金能否顺利开展再投资。房地产基金通常的退出方式有IPO、并购、股权转让、原股东回购、清算及其他，而我国现阶段大部分房地产基金采用的投资退出机制，是通过房地产企业原股东或其他回购主体对房地产基金持有的股权以协议价格和方式进行回购，并且为了提高房地产基金退出的可能性，加入结构化设计，设定强制收购股权、领售权、清算权等。实践操作中，房地产基金退出可谓乱象重重，有的完全退出，但再投资时埋下了风险的种子，有的仅完成投资资金退出，但仍保留投资法律关系，有的延期退出，但未履行任何的法律手续等等。本章主要通过列举案例的方式对上述情形进行展现，分析乱象产生的原因，并揭示蕴藏的风险。

## 一、从四则房地产基金退出案例的现象说起

### （一）投资退出不彻底招致风险

【案情简介】

2011年，某房地产基金（以下简称A基金）通过受让H房地产公司（以下简称H公司）80%股权，向H公司投资人民币2 000万元。投资期满后，A基金从H公司收回了投资款，在准备办理股权变更手续时，H公司为方便将来融资提出继续保留A基金股东身份，暂不对H公司的股权结构进行变更登记，A基金同意继续持股，并与H公司签订股权代持协议。

2012年，A基金先后两次向H公司支付投资款，由H公司A基金出

具借条。

2013年，A基金准备对H公司进行新一轮投资，委托外部风控团队进行尽职调查。根据尽职调查，H公司的两大核心股东由于经营理念的不同，已经决定各自独立运营，但因H公司旗下项目众多并且复杂，项目收益分配不清，人事关系不明，因此，至调查时点并未完成彻底分割。

【分析意见】

在这个案例中，A基金未完成2011年投资的全退出，投资期满后仍然是H公司在工商行政管理部门登记的股东。虽然A基金和H公司签订了股权代持协议，但该协议不能对抗善意第三人。另外，在2012年投资时，A基金对H公司未做任何尽职调查，也未履行任何投资决策程序，在H公司仅出具借条的情况下完成投资，该投资实际上是债权投资。正因如此，A基金未对H公司进行投后管理，也就无从了解投资期间H公司发生的变化。

之所以出现上述问题，主要是因为H公司的实际控制人与A基金管理方具有良好的关系，而且A基金与H公司过往的合作实践也证明H公司拥有良好的信用，这就为双方的后续合作打下坚实的信任基础。在此情况下，A基金不惜改变投资方式和承担代持的风险。

最后，A基金投资决策委员会在听取外部风控团队尽职调查报告后，讨论了上述问题，决议更改投资方式，继续采用股权与债权相结合的方式进行投资。

### （二）延期退出时程序缺失

【案情简介】

2012年，某房地产基金（以下简称K基金）分两轮投资了某房地产项目（以下简称C项目），其中第一轮投资已于2013年上半年到期，但K基金直至2013年底仍未办理投资退出手续，而第二轮投资尚未到期。

【分析意见】

在这个案例中，K基金之所以将第一轮投资资金继续留在被投资企业，是因为其管理方认为第二轮投资期限未满，可以继续以应退投资资金获取收益。但是，这样就会产生以下四个问题：一是根据合作框架协议，被投资企业原股东在第一轮投资期限届满30天内享有股权回购权，目前股权回购期已过，即被投资企业原股东已经丧失了第一轮所涉股权的回购权。二是K基金的管理方作为该基金的执行事务合伙人，行使经营管理职权，明知投资期满却未按照协议约定履行相关退出手续，是对投资事务管理的不尽责。三是因为未履行延期退出或其他法律手续的办理，K基金从第一轮投资期满至今所获得投资收益缺少法律依据。四是被投资企业原股东丧失股权回购权后，K基金通过行使强制收购权，本可成为被投资企业的唯一股东，享有更高的投资收益，但K基金的管理方未采取任何措施，投资人轻则认为管理方不尽责，重则认为管理方与被投资企业恶意串通。

如果要解决上述问题，K基金须及时办理延期退出手续。当然这并不是简单的签署协议，因为第一轮投资开始至今，房地产市场与政策、被投资企业的财务、C项目等都已经发生很大变化，K基金的管理方定期出具的投后管理报告也以非现场为主，对被投资企业的调查程度有限。所以K基金需要按照投资程序，重新进行尽职调查，召开投资决策委员会会议，对是否延期退出作出决议。

### （三）再投资时严重违反投资决策程序

**【案情简介】**

某基金管理公司（以下简称A公司）由张某出资占比60%、王某出资占比20%以及其他主体出资20%构成。2011年7月，A公司作为GP发起设立了有限合伙制房地产基金（以下简称B基金）并负责执行合伙事务。之后，B基金将M房地产公司（以下简称M公司）开发的房地产项目（以下简称项目1）和N房地产公司（以下简称N公司）开发的房地产项目（以下简称项目2）列为投资备选项目，其中M公司系A公司股东张某控制下的房地产公司。随后，B基金委托外部风控团队对上述两个项目进行了初步调研、商务谈判和尽职调查。通过尽职调查，M公司无法就项目1土地出让金的资金来源做出具体说明，B基金的投资决策委员会认为存在巨大的民间集资风险，遂否决了该项目，选择投资项目2。同年9月，B基金与N公司完成投资款交割。

2011年10月，项目2所在地房地产市场投资环境恶化，导致无法办理股权工商变更登记，A公司决定退出，并与N公司就B基金安全退出事宜达成一致。与此同时，张某因为项目1资金紧张，要求A公司将B基金退出资金第一时间投向项目1。10月26日，B基金召开投资决策委员会，通过了对项目1的投资决议，随即办理了投资交割。2012年，M公司资金链断裂，爆发民间集资纠纷。受此影响，B基金不能按期收回投资本金及收益，于是同其他债权人一样，向法院提起诉讼。

【分析意见】

在这个案例中，B基金从项目2基本实现全退出，但在进行再投资时，严重违反投资决策程序，通过了对项目1的投资决议。具体表现在：其一，投资决策委员会对项目1进行投资表决时，因A公司与项目1所属公司即M公司均由张某实际控制，根据合伙协议的约定，A公司应当回避表决，但A公司却参与了该事项的表决。其二，投资决策委员会的某位委员委托他人参加会议，但未履行任何授权手续，并且在对项目1进行投资表决时，该受托人在没有取得代理权的情况下投出赞成票。

发生上述严重违反程序的事件主要有两个方面的原因：一是张某通过实际控制A公司，对B基金的投资决策具有较大的影响。在资金充裕的时候，他一般会认同A公司的独立性，尊重B基金投资决策委员会的决议，但在资金紧张的时候，他也可能破坏这种独立性，将B基金为己所用，而导致B基金其他投资人的利益受到损害。二是B基金其他投资人与张某相识并产生信任，在进行投资决策时表现为人情大于程序，使合伙协议的约定变成一纸空文，最终导致B基金无法安全退出。

### （四）再投资时险陷纠纷

【案情简介】

2012年，某基金管理公司（以下简称E公司）管理的房地产基金

（以下简称F基金）从上一投资项目准备退出时决定再投资，将王某持有绝对控股权的W房地产公司（以下简称W公司）拟开发的房地产项目（以下简称A项目）纳入投资备选项目中，并委托外部风控团队对该项目展开尽职调查。尽职调查后，F基金投资决策委员会经过审议，认为虽然A项目处于拍地阶段，尚未取得相关证照，但是王某同意提供完备的风险保障，最终决定进行投资。

但是，在随后办理投资交割过程中，W公司的小股东不同意签署合作框架协议、股权转让协议、内部决策文件等投资文件。王某作为W公司的大股东既不能强制小股东签字，又需要向F基金进行项目融资，故提议新设立一个房地产公司（以下简称新设公司），将A项目的所有权益转移到新设公司。外部风控团队考虑到F基金可能陷入王某和小股东之间的利益纷争，建议不投资，而E公司内部风控团队认为王某所提方案可行，坚持A项目可投。双方发生分歧后，外部风控团队不再跟进该项目。后据E公司内部人士介绍，E公司最终放弃了上述项目，转投其他项目。

**【分析意见】**

在这个案例中，外部风控团队之所以建议不投资，是因为王某所提方案违反公司法的相关规定。王某作为W公司的大股东，要正当行使股东权利，不得利用控股地位损害其他股东的利益；同时王某作为W公司的董事长，要履行勤勉尽责的义务，否则给公司利益造成损害的，小股东可依据公司法向王某提起股东代表诉讼，且王某所获收益全部收归公司。W公司虽然未取得A项目地块的国有土地使用权，但涉及A项目前期开发的所有协议都是以W公司的名义签署，所有的广告宣传都是以W公司的名义进行推广。王某提议新设立公司并以新设公司名义参加土地招拍挂程序，我们认为，这属于人为地将本属于W公司的商业机会让渡给其他公司，损害W公司及其小股东的利益。

综上，房地产基金投资是一个“募集—投资—管理—退出—再投资”的不断循环的过程，退出是上一个项目投资的终结，也是下一个项目投资的开始，具有承上启下的作用。通过案例分析得知，投资退出的重要作用被很多房地产基金所忽视，而且出现了很多的疏忽，主要表现在跳过尽职调查和投资决策程序、投资决策委员会会议违反议事规则、退出法律手续不完善甚至缺失等。我们在此呼吁，不管是投资退出还是退出时再投资，必须严格按照房地产基金投资程序进行，以看得见的方式实现风险控制。

## 二、退出争议案例解析与风险防范

### （一）名股实债模式下的法律风险与防范

**【案情简介】**

2012年10月，某房地产基金（W基金）与某房地产公司（G公司）及其股东陈某、宋某、王某（三位股东为工商登记股东，为名义股东）签订《投资协议书》，该协议约定W基金向G公司投资13 000万元，投资完成后W基金持有G公司22%的股权。同时约定G公司及其股东对该协议履行承担连带保证责任。同日，W基金与G公司股东陈某、宋某、王某签订《股权转让协议书》，对于W基金退出情形作出了约定，其中一条约定为：如G公司不能按期支付按照每年度不得低于18%之收益获得的股息分配，则投资方W基金退出，W基金有权要求G公司股东即陈某、宋某、王某购买W基金持有的G公司22%股权，同时约定股权回购款的计算方法：W基金投资金额+W基金投资金额×18%×n。为了保证《股权转让协议书》的履行，同日W基金与Y公司签订土地抵押合同，并在国土资源局办理了抵押登记及他项权证。W基金与Z公司签订设备抵押合同，并在工商行政管理局办理了抵押登记。同时，W基金与自然人邓某、朱某、徐某签订保证合同，为股权转让款提供连带责任保证。后W基金按照约定支付了投资款13 000万元，W基金成为G公司股东。2013年10月，G公司所在地的市政府向G公司下发通知，要求暂停办理G公司项目土地报批供应和报建手续，计划征收G公司项目所涉地块。因项目开发建设的规划被纳入征收范围，无法按约履行《投资协议书》、《股权转让协议书》等合同（例如上市融资计划等），W基金向G公司股东发出回购股权的函，要求其按照合同约定价款回购W基金所持G公司股权。后双方发生争议，W基金诉至法院要求G公司名义股东陈某、宋某、王某回购其股权；偿还投资款13 000万元及支付利息；G公司对13 000万元及其利息承担连带偿还责任；判令邓某、朱某、徐某对陈某、宋某、王某还款责任承担连带责任；判令Y公司、Z公司承担抵押担保责任。

【案例分析】

本案的争议焦点是，本案的纠纷是公司增资纠纷还是借款合同纠纷。根据本案的基本事实，本案所涉13 000万元资金为公司增资款，W基金与G公司签订的协议为《投资协议书》，W基金依据《股权转让协议书》向G公司股东主张回购股权，归还投资款。故法院最终认定本案为公司增资纠纷，而非借款合同纠纷。

由于G公司三位股东与W基金签订了《股权转让协议书》，对W基金退出情形作出了约定，当约定情形出现即回购条件成就时，三位股东应履行回购义务。因此，G公司不能按照约定按期支付W基金每年度不得低于18%之收益的股息分配，该回购条件已成就，W基金有权要求G公司三位股东回购W基金所持有的22%股权。陈某、宋某、王某虽然为名义股东，但在工商部门已依法登记，且三位名义股东是《股权转让协议书》的签订主体，依法应承担合同回购义务。

关于G公司是否应对陈某、宋某、王某股权转让款承担连带保证责任，法院没有支持。其理由如下：①G公司并非《股权转让协议书》的合同主体。②《股权转让协议书》中没有由G公司承担连带保证责任的约定。③G公司未与W基金单独签订关于对陈某、宋某、王某股权转让款承担连带保证责任的相关协议。另外，涉案《保证合同》、《抵押担保合同》系当事人真实意思表示，内容不违反法律、行政法规强制性规定，抵押担保合同皆办理了抵押登记手续，上述合同合法有效。法院最终认定，相关保证人、抵押担保人应承担相应的保证责任。

【案例总结与启示】

在上述案例中，W基金在向G公司提供投资款的同时，为降低投资风险，受让被投资公司的部分股权，并约定G公司原股东有义务在一定条件下按约定价格回购股权。W基金持股期间，G公司需要向W基金支付固定的股息。这种交易安排，被称为“名股实债”。房地产基金与房地产公司股东签订的股权回购协议，从现有的判决看，如双方系在平等自愿基础上达成，内容不违反法律、行政法规的强制性规定，则为有效。但在实践操作中，对于相关回购条件、回购价款的计算应约定清楚、明确，当回购条件成就时，便于房地产基金向房地产公司主张相关权利。

同时，名股实债的交易模式还需要关注如下方面：①在签订相关投资协议等文件时，不可抗力条款只能约束合同签订双方，不可抗力条款的法律后果难以突破合同相对性，对第三方进行约束与限制。②房地产基金为保证其投资收益，降低投资风险，在股权回购方面，可以设置多重防护机制，即在相关投资协议中为投资款和收益的安全设定若干担保，如设置若干保证担保（人保）及抵押、质押担保（物保）。在设置物保时，要办理相关抵押登记手续。在设置人保时，要规范合同签订程序，由保证人本人签订相关合同，不能代签，否则一旦出现法律纠纷，会产生无法由相关人员承担保证责任的法律风险。另外，实践中部分基金在向房地产公司投资时，相关协议会约定强制分红条款，该强制分红的安排可能会与《公司法》利润分配顺序的规定相悖。根据《公司法》的规定，公司在有利润的情况下，才能进行分配，且公司在分配当年税后利润时，首先应用当年利润弥补亏损，其次按照规定提取法定公积金/（和）任意公积金，最后是向股东分红。在名股实债类交易安排中，无论被投资公司是否实际盈利，投资人往往都要求被投资公司按时分红。在被投资公司未盈利的情况下，预先向股东分配利润，违法了《公司法》相关规定，存在被要求向被投资公司退还利润的风险。

### （二）委托贷款模式下的法律风险及其防范

**【案情简介】**

2012年6月，A房地产基金（以下简称A基金）作为委托人，B银行作为贷款人，C房地产公司（以下简称C公司）作为借款人三方签订了一份《委托贷款合同》。根据《委托贷款合同》，A基金委托B银行向C公司发放委托贷款1.5亿元，用于C公司开发的D项目。在《委托贷款合同》签订的同日，A基金与C公司签订了一份《投资合作协议》，协议约定：鉴于A、B、C三方签订了《委托贷款合同》，A基金以委托B银行向C公司发放委托贷款的方式对D项目进行投资并进行监管，投资金额为1.5亿元。同时A、B、C三方基于上述《投资合作协议》签订了《监管协议》，约定A基金对C公司的“公章”、“财务章”和“合同章”等印章进行监管。

后双方发生争议，A基金根据《委托贷款合同》向人民法院提起诉讼要求，C公司偿还借款本金及其利息。C公司基于《投资合作协议》，认为A基金与C公司之间是投资关系，并且以A基金无理拒绝为C公司加盖印章，导致公司无法进行正常的经营活动，损失严重为由，向人民法院提起反诉。同时C公司认为即使认定为借贷关系，借款人不按期归还借款，应由贷款人（受托人）起诉，贷款人坚持不起诉的，委托人可以以受托人为被告、以借款人为第三人向人民法院提起诉讼，所以C公司只能做第三人，不应成为被告。

**【案例分析】**

本案的争议焦点主要是A基金与C公司是单纯的委托贷款关系，还是同时具有股权投资关系。本案在A基金与C公司签订的《投资合作协议》中，并没有明确A基金在投资过程中具有股东身份，具有相应股权，仅仅是在《监管协议》中给予监督项目经营的权利，虽然被告C公司在答辩过程中认为C公司与A基金之间是“名为联营，实为借贷”的投资关系，而不是委托贷款关系，但是没有明确的支持依据。所以法院最终判决认为，A公司与C基金签订的《投资合作协议》以及由《投资合作协议》而派生出来的《监管协议》均是为保证A基金的委托贷款资金安全而签订的，实际上是一种委托贷款关系，而不是投资关系。

另外，由于本案实际上是委托贷款关系，C公司对于A公司要求返还印章和赔偿损失的反诉与委托借款关系的本诉不属于同一法律关系，C公司不能以 A 基金干扰 C 公司正常经营活动为由提起反诉。

本案中《委托贷款合同》是由 A、B、C 三方共同签署。A 为委托人，B 为受托人，C 为借款人，C 在合同签订时对于 A 与 B 的委托代理关系是知晓并同意的。根据《中华人民共和国合同法》第四百零二条，受托人以自己的名义，在委托人的授权范围内与第三人订立的合同，第三人在订立合同时知道受托人与委托人之间的代理关系的，该合同直接约束委托人和第三人，但有确切证据证明该合同只约束受托人和第三人的除外。根据上述规定，《委托贷款合同》直接约束三方当事人，A 可以 C 为被告提起诉讼，C 公司认为其只能作为第三人的理由不能成立。

**【案例总结与启示】**

房地产基金根据基金和企业双方的诉求采用不同的投资模式。在基金层面，如果房地产基金关注的是企业长远发展和高额的项目收益，则可以采用股权投资模式；如果是在企业担保条件比较充足的情况下追求短期收益，可以采用债权投资模式。在企业层面，如果企业需要基金参与到企业的经营管理中与企业共同成长，则可选择股权投资模式的基金；如果企业只是短期的资金拆借，满足短期的融资需求，则可选择债权投资模式基金。上述案例中，A 基金选择通过委托贷款方式参与房地产项目开发。通过该案例，我们获得如下启示：

（1）房地产私募基金在投资时，应完善尽调调查，严格项目筛选。房地产基金的风险主要来自所投房地产项目的风险。房地产基金在项目筛选阶段，应对被投资对象进行较为详尽的财务、税务、法律尽职调查，了解拟投投资项目存在哪些风险，当获知的风险难以承受时，房地产基金应主动放弃投资行为，从源头上避免退出阶段存在的风险。

（2）在投后管理方式的选择上，具体的管理方式应与投资方式和投资目的相匹配。本案中 A 基金对 C 公司的“公章”、“财务章”、“合同章”等印章进行监管，但由于 A 基金与 C 公司之间缺乏常规的沟通与交流，当发生矛盾时，C 公司无法从事正常的业务经营，双方陷入僵局，积重难返，最终导致对簿公堂，A 基金的投资收益亦不能顺利实现。对于房地产基金来说，采用股权投资模式自身承担的风险较大，因此应采用严格的投后管理方式，对企业的经营管理和财务状况进行全面管理；而对于采用债权投资模式的房地产基金来说，由于其投资诉求在于房地产企业的短期收益，因此应采取更为灵活的监管方式。

（3）加强投后管理。部分投资对象家族式管理痕迹比较严重，公司的所有权和经营权重合，而房地产基金投资不单纯是资金投资，而是利用基金优势帮助企业创造价值，进而获得更大的投资回报。房地产基金可以结合自身的优势与特点，在完善公司治理结构、规范财务管理制度方面给企业以指导，加强与投资企业的日常联络与沟通工作，例如每周与被投资公司联系一次，每季度提交项目跟踪管理报告等。

# 后 记

北京德和衡律师事务所投行业务团队系一个年轻而充满活力的团队，本书在我多年构想、主持安排下终于完成。

本书共分为五篇十章。由孟庆君负责整体框架的设计、主要内容执笔及全书最终审定。初稿按章的具体分工如下：第一章“有限合伙制房地产基金设立中的重要问题分析”，由孟庆君、白杨起草；第二章“房地产基金投资的市场尽职调查”，由马立君起草；第三章“房地产基金投资的财务尽职调查”，由肖协起草；第四章“房地产基金投资的法律尽职调查”，由孟庆君、马立君起草；第五章“房地产基金投资的‘股 + 债’模式”，由孟庆君、马立君起草；第六章“房地产基金投资中的‘可转换投资’”，由孟庆君起草；第七章“房地产基金投资的若干创新模式”，由孟庆君、肖协起草；第八章“房地产基金投后管理的必要性”，由白杨起草；第九章“房地产基金投后管理的实践”，由肖协起草；第十章“房地产基金退出中的问题与分析”，由孟庆君、马立君起草。本书系集体智慧的结晶。我们的团队成员付出了他（她）们的智慧和辛劳，我在此向他（她）们表示感谢。

在本书写作过程中，我们查阅了互联网资料，也参考了一些案例和数据，这里我们向对本书写作提供有益帮助的人和机构表示感谢。

孟庆君

2014 年 3 月

# 再版后记

本书再版有如下团队成员参加：孟庆君、鲍翠杰、徐楠、韩洪敬。鲍翠杰修改增加了基金管理人登记和基金备案内容；孟庆君、鲍翠杰增加了房地产信托投资基金章节；徐楠和韩洪敬增加了房地产私募基金退出环节争议的部分内容；本书根据最新情况亦删减了一些内容。本书最后由孟庆君统稿。

感谢大家一如既往的支持，希望对大家的工作有所帮助。